종편
타파

KB037095

바라보면 **보**이는 것들 **시리즈**

나를 위해, 지난 세대를 위해, 미래 세대를 위해 혹은 소중한 누군가를 위해 사회문제를 함께 보고 생각합니다. 화제가 되는 사회 이슈의 본질이 무엇인지 이해를 돕거나 더 조명되어야 할 사회문제들을 알림으로써 우리 현재의 역사를 짧고 빠르게 기록합니다. '바보책 시리즈'는 건강한 사회 생태계를 만드는 일을 돕겠습니다.

종편타파
그동안 오보, 막말, 편파 방송으로
심려를 끼쳐드려 죄송합니다

바보책 시리즈 01

초판 1쇄 인쇄 | 2019년 3월 21일
초판 1쇄 발행 | 2019년 3월 31일

지은이 | 이은용
발행인 | 김태영
발행처 | 도서출판 씽크스마트
주　소 | 서울특별시 마포구 토정로 222(신수동) 한국출판콘텐츠센터 401호
전　화 | 02-323-5609 · 070-8836-8837
팩　스 | 02-337-5608

ISBN 978-89-6529-200-5　03070

바보책
시리즈
01

그동안 ──────── 오보, 막말, 편파 방송으로
심려를 끼쳐드려 죄송합니다

공평

타파

좋은 언론은 무엇인가

비상식이 상식을 덮고 폭력이 이성을 억압하던 시절, 온갖 편법과 불법으로 탄생한 종편은 여전히 사회적 통합보다는 갈등으로, 정당한 논리보다는 음모적 술수로, 당당한 역사의 기록보다는 왜곡된 시선으로 치졸한 밥벌이를 하고 있습니다.

그 때문에 저는 이를 탄생시킨 군상에 대한 분노가 식지 않고 뜨겁습니다. 불법과 특혜로 시작해 분열과 갈등, 그리고 저급함의 상징으로 자리 잡은 일부 종편에 대한 특혜 환수와 정당한 규제가 필요한 이유가 한 권의 책 속에 잘 모여 있습니다. 언론의 사회적 책임과 역할, 그리고 좋은 언론은 무엇인가 고민하는 사람들과 함께 공유하고 싶은 책입니다.

제7대 전국언론노동조합 위원장 **강성남**

오보와 막말, 편파 방송은
조금도 개선되지 않았다

2011년 12월 첫 전파를 쏜 지 7년이 조금 지난 4개 '종편'은 직접 광고영업 허용과 의무송출채널 지정, 황금채널 배정, 국내 제작 프로그램 비율 완화, 중간광고 허용, 방송통신발전기금 징수율 완화 등 최소 6가지 혜택을 안고 출발했다. 출범 6년 만인 2017년 말 종편은 지상파 SBS를 능가하는 시청점유율을 확보했다. 그치만 오보와 막말, 편파 방송은 조금도 개선되지 않았다.

태생부터가 날치기였던 종편을 이젠 탁자에 올려놓고 차갑고 무겁게 살필 때가 됐다. 군복 입고 태극기 들고 서울시청과 광화문을 누비는 몇몇의 귀에만 쏙쏙 박히되 근거가 흐릿한 방송으로 국민들 눈과 귀를 어둡게 만드는 이들을 미디어시장에서 더는 봐줄 수 없다.

미디어시장에서 버텨 온 세월이 결코 녹록지 않았던 저자는 어렵고 딱딱한 숫자 뒤에 감춰진 종편 탄생과 급성장의 배경을 이 책에서 집요하게 추적한다. 저자가 머리말에 남긴 "2019년 1월 세종로 네거리에서 종편을 바라보며"라는 구절은 앞으로도 미디어현장 감시에 소홀하지 않겠다는 자기 최면으로 읽힌다. 건투를 빈다.

미디어오늘 편집국장 **이정호**

종편의 탄생과 성장 과정을 다뤘다

이은용 기자를 처음 본 건 2014년 회사로부터 부당 해고로 내몰린 때였습니다. 후배들 목소리에 귀 기울이는, 조용하면서도 자기 소신은 밝힐 줄 아는 심지가 굳은 모습이었습니다. 권력과 자본에 얽매이지 않는 곳에서 마음껏 취재하고 싶은 그의 의지와 뉴스타파가 만나 방통위의 전횡이나 종편의 횡포, 통신사 광고에 휘둘리면서 비판 기사가 없던 IT·통신·방송 정책 분야에 새로운 저널리즘 기운을 불어넣었습니다. IT 업계를 20여 년간 취재한 전문성과 광고주에 휘둘려 지면을 쉬 망가뜨리고는 했던 회사 경영진을 상대로 언론 사명을 다하고자 싸운 경험이 결합해 끈질기고 깊이 있게 보도하는 동력이 된 것 같습니다.

《종편타파》는 종편의 탄생과 성장 과정을 다뤘습니다. 얼마나 살뜰한 보살핌(특혜)을 받았는지 짐작한 것들이 명약관화해졌고, 개인적으로 조금 외면하고 싶던 'JTBC도 종편'이라는 사실을 다시 한번 상기하게 됐습니다. 상징적인 단어 하나를 매개로 풀어내는 이야기들이 영상광고를 보는 듯하고 앞뒤도 잘 맞아떨어집니다.

종편 탄생과 관련해 잊을 수 없는 시간은 2009년 7월. 이명박 정권 출범과 함께 시작된 언론 관련법 개정 움직임은 그달 22일 한나라당의 국회 날치기로 이어져 종편 씨앗이 움트게 한 결정적 자양분이 됐습니다. 그달 31일 방송사업 소유 규제를 느슨히 한 개정 방송법이 공포된 후 2010년 12월 31일 종편 4개가 선정될 때까지 일사천리였습니다.

　국민 반대 속에 불법적으로 탄생한 종편을 살리기 위해서는 특혜와 편법이 동원돼야 했을 것입니다. 종편이 정권의 비호 속에 성장할 때 반대편에는 정권으로부터 탄압받고 해직·징계된 수많은 언론인과 정상적인 기능조차 제약된 언론사들이 있었습니다. 당시 정권이 비정상적인 방법으로 뒷배가 되어 종편을 키운 이유는 무엇일까요? 지금도 이런 음모 같은 행태를 집요하게 이어가는 세력이 있진 않을까요? 이 책이 지금 출간되는 중요한 역사적 이유가 있는 게 아닐지요.

자유언론실천재단 사무국장 **이영순**

'쉽게 쓰인 종편의 역사서'

마지막 원고를 읽고 제일 먼저 든 생각은 '쉽게 쓰인 종편의 역사서'라는 말이었다. 읽기 편했다. 그래서 앉은 자리에서 단숨에 다 읽어버렸다. 이은용의 전작《미디어 카르텔》도 그랬다. 아마도 저자의 능력이 아닌가 싶다.《종편타파》는 이명박 정부 시절 보수 신문들에게 방송 허가를 내주고 안착시키기 위해 어떤 특혜들을 주었는지 담담하게, 그러나 저자의 비판적 관점으로 짚어 가는 게 인상적이다. 종편이 개국한 이후, 5·18 광주민중항쟁의 북한군 개입이라는 허위 사실이 '방송'에 나가는 일이 벌어졌다. 하지만 그것은 시작이었다. 종편의 막무가내식 방송은 현재진행형이다. 종편에 관대해져 가는 나를 발견할 때 꺼내 보고 싶은 책이다.

언론개혁시민연대 활동가 권순택

종편.

종합편성. 보도·교양·오락 프로그램을 고루 섞어 방송채널 하나를 엮어 만들었다. 그런 방송사업자를 일컫기도 하는 말이다. 종편 가운데 "종합편성을 한다"고 말하기 부끄러울 사업자가 있던데 차라리 문을 닫는 게 낫지 않을까. 그동안 오보·막말·편파 방송으로 심려를 끼쳐 드려 죄송합니다.

7년.

입에 익다 보니 더욱 가볍게 여겨졌을까. 2011년 12월 1일 종편 넷이 방송을 시작한 뒤로 어느새 7년이나 흘렀다. 한국 모든 세대와 계층에게 익숙한 티브이 상자 2458만4675대 — 2017년 말 등록 기준 — 안에 자리 잡고 시민 생활 속으로 뿌리를 깊이 내린 것. 특히 한두 종편은 군복 같은 걸 입고 태극기 든 채 서울 시청 앞마당이나 광화문 거리를 누비는 몇몇의 귀에 쏙쏙 박히되 근거가 흐릿한 방송으로 세상을 비튼다는 의심을 샀다. 특히 1980년 5·18 광주민중항쟁 때 북한군이 광주에 내려와 있었다고 터무니없이 방송한 게 본보기. 공적 책임을 무겁게 짊어져야 할 방송사업자가 아무렇게나 혀를 놀려 시민에게 상처를 주고 아프게 건드려 가며 울리는 꼴이었다.

멈추라.

이 책은 5·18 광주민중항쟁을 허투루 짓밟는 것 같은 오보·막말·편파 방송으로 시민 귀를 건드리고 마음을 어지럽힌 종편이 세상에 어떻게 나와 어찌 컸는지를 되돌아보기 위해 쓰였다. 태생이 '한나라당 국회 날치기'였던지라 사실은 세상에 나오지 말았어야 했음을 짚었다. 억지로 태어난 터라 '이명박 정부 최시중 방송통신위원회'가 아기 품듯 보살폈음을 밝혔다. '박근혜 정부 이경재·최성준 방송통신위원회' 젖과 꿀로 쑥쑥 자라 지상파 방송사 SBS를 힘으로 으를 만한 덩치를 키운 흐름도 살폈다. 왜? 씁쓸해서다. 종편이 세상에 나오지 않았다면 세 치 혀 막말에 광주 시민이 거듭 짓밟힐 일 없었을 테니까. 종편이 5·18 광주 상처를 덧내는 꼴을 한국 시민 모두가 볼 일도 없었을 테고.

그대로 두고 볼 건가. 문 닫으라 할 건가. 한두 개쯤 남겨 둘 건가. 종편을 탁자에 올려 두고 차갑고 무겁게 살필 때가 됐다. 시민이 매조지자. 입 모아 "더 이상 듣거나 볼 수 없겠으니 문 닫으라"고

말할 수 있다. 그리 말할 자격이 차고 넘친다. 시민
이 한국 사회 바탕이지 않은가. 공적 책임을 질 만
한 힘이 없다면—족벌이나 못된 권력의 졸개 노
릇이나 할 생각이라면— 시민이 "멈추라" 하기 전
에 스스로 문 닫는 것도 좋겠다.

2019년 1월 세종로 네거리에서 종편 바라보며.

1장. 종편 웅고

2짱. 시민 울다

쫄편용모

티브이 리모컨을 들고 푹신한 의자에 깊숙이 앉았다. 아무 생각 없이. 볼 만한 방송 프로그램을 만날 수 있을까 싶어 위아래 화살표 누름 쇠를 연거푸 눌러 보긴 했는데 마땅한 게 없었다. '에라, 모르겠다. 한 바퀴 돌려 보자.' 위쪽 화살표 누름쇠만 꾸준히 눌러 봤지만 이게 언제쯤 끝날지 모를 노릇. 욱. "이런 제길, 채널이 대체 몇 개나 되는 거야!"

397개 TV 방송 채널.

한국에 있는 티브이 방송 채널(channel) 수. 2017년 12월 말 기준으로 그렇다. 문재인 정부 이효성 방송통신위원회가 2018년 7월 18일 내보인 '2017년 방송사업자 시청점유율 산정 결과'에서 그리 밝혀졌다. 한국시니어티브이와 내외경제티브이처럼 시청점유율이 0%인 채널 22개도 함께 들어 있다. 시청점유율이 0.001%에 지나지 않는 채널도 4개. 아무도 보지 않는 것이나 매한가지이지만 채널이 있긴 한 것.

한국방송공사(KBS)를 비롯한 271개 방송사업자가 골골샅샅 미리 나눠 정해 둔 채널 번호에 따라 397개 티브이 방송을 2100만여 가구에 내보낸다. 2017년 12월 말 기준 한국 안 티브이 수상기—방송 전파를 그림으로 바꿔 주는 장치— 2458만 4675대에 프로그램을 쏘는 것. 채널이 많을 뿐만 아니라 서울 사람이 타지에 가 티브이 리모컨을 손에 든 채 "여긴 엠비시(MBC)가 몇 번이야?"라고 묻고는 하는 것처럼 지역에 따라 갈피를 잡을 수 없게 숫자가 얽혔다. 요즘엔 손전화나 태블릿 피시로 티브이 방송을 보는 사람도 많으니 5171만여 한국 시민 모두에게 채널 397개를 내보낸다고 말해도 될 만큼 어지럽다. 시청점유율이 보잘것없고 '그런 방송이 있는 줄도 몰랐을' 채널을 뺀 채 알 만한 곳만 헤아려도 288개쯤 된다. 그러니 어림잡아 300개쯤으로 보자.

지상파.

처음엔 지상파(地上波) 방송사업자만 있었다. 땅 위를 따라 퍼지는 전파―지상파―에 방송 프로그램을 담아 널리 내보내면 집집마다 세워 둔 안테나로 소리와 그림을 붙들어 안방 티브이에 비춰 냈다. 1961년 12월 31일 KBS, 1969년 8월 8일 문화방송(MBC)이 첫 전파를 내보낸 뒤 오랫동안 '지상파'가 티브이 방송을 일컫는 대이름씨였다. 채널둘.

1964년 12월 7일부터 1980년 11월 30일까지 16년 동안 서울과 부산에 전파를 쐈던 동양방송(TBC)도 지상파 티브이. TBC는 시민 사이에서 "삼성 방송"이자 "이병철 방송"으로 불렸다. 시민 사이에서 "삼성 신문"으로 불리고는 한 중앙일보가 밀어붙여 2011년 12월 1일 문을 연 JTBC가 31년 만에 TBC 바통을 이은 것으로 보는 이도 있다. JTBC는 종합편성 방송채널사용사업자, 이른바 '종편' 가운데 하나. 이 책이 손에 쥔 돋보기 아래에 놓인 방송사업자인지라 자근자근 더 짚어 보게 될 터다. 아무튼 TBC는 1980년 11월 30일 문을 닫을 때까지 KBS·MBC와 함께 한국 시민 세 손가락에 늘 꼽힌 티브이 방송사업자였다. 채널 셋.

TBC가 사라졌으되 1980년 12월 1일 KBS 2TV로 옷을 갈아입어 채널은 여전히 셋이었다. 서울에서 TBC를 보려면 티브이 채널을 7번에 맞춰야 했는데 KBS 2TV에 그대로 이어졌다. 1991년 11월 9일 한국교육방송공사(EBS)가 KBS로부터 떨어져 나가 스스로 티브이 방송을 내보내기 시작했다. 채널 넷. 그해 12월 9일 서울방송(SBS)이 수도권에 첫 전파를 쏘며 새로운 지상파 방송사업자가 됐다. 채널 다섯.

케이블과 피피.

1995년 3월 1일 48개 종합유선방송사업자—시스템 오퍼레이터(System Operator)—가 새로 생겼다. 이른바 "케이블(cable) 티브이." 지상파를 쓰던 옛 사업자와 달리 선(케이블)으로 이어진 안방 티브이에 방송 프로그램을 비춘 것. 그때 종합유선방송사업자의 채널 하나를 온전히 맡아 쓰기로 하고 방송 프로그램을 채워 내보내는 방송 '채널'사용사업자—프로그램 프로바이더(Program Provider)—24개가 함께 생겨났다. 이른바 "피피(PP)." 채널 스물네 개가 한꺼번에 늘어난 것. 앞서 있던 지상파 티브이 채널 다섯 개를 헤아리면 모두 서른 개.

1961년 12월 31일부터 33년 동안 지상파 티브이 셋 또는 다섯 개쯤으로 눈과 귀를 채우던 한국 시민에게 채널 서른 개는 '정말 많아' 보였다. 이때부터 한국에 '다(多)채널 시대'가 열렸다고 보는 이가 많다. 방송국에서 집집마다로 지상파를 넓게 한꺼번에 흩뿌리던―브로드캐스팅(broadcasting)하던― 데서 벗어나 시민이 보고픈 채널을 따로 고르기 시작한 걸 두고 '쌍방향 티브이 방송'이 시작된 때로 보는 이도 있다. 보고픈 채널을 고르려면 종합유선방송사업자에게 따로 돈을 내야 했기 때문에 이른바 '유료(有料)방송' 짜임새가 고개를 든 때이기도 하다.

위성.

2002년 3월 1일 한국디지털위성방송 '스카이라이프(SkyLife)'가 생겨 채널 수를 더욱 불렸다. 위성방송. 동경 116도, 적도 위 3만6000킬로미터 정지 궤도에 쏘아 올린 '무궁화 3호' 위성에 달아 둔 중계기 10개를 써 130개 채널을 한반도와 주변에 전했다. 티브이 방송이 65개였고, 나머지는 음악 방송과 돈을 따로 더 내고 보는 '페이 퍼 뷰(Pay Per View)' 채널이었다.

위성방송은 종합유선방송과 함께 티브이 채널 수가 늘어나는 데 기름을 부었다. 푹신한 의자에 깊숙이 앉은 시청자에게 티브이 리모컨 채널 바꿈 누름쇠를 한도 끝도 없이 눌러야 할 듯한 느낌을 주기 시작한 두 장본인인 셈. 한 채널이 떠올랐다가 가라앉아 사라지거나 새로운 게 생겨나고는 하더니 300개쯤에 닿았다.

1

정치 잇속 채널

2010년대로 들어선 뒤 한국 2100만여 가구와 5171만여 인구에 비춰 채널이 많아 보였다. 티브 이 리모컨 누름쇠를 위아래로 잇따라 누르면서 선택하지 않고 버리는 채널이 수두룩한 나머지 시민으로 하여금 '이미 가득 찼다'는 걸 잘 알게 했다. 특히 어느 게 더 좋고 나쁜지를 견주기 힘든 영화·

드라마 채널이 무려 서른여덟 개였다. 오락·음악·게임과 스포츠·여가 채널도 서른다섯, 서른셋에 닿았다. 따로따로 스무 개씩을 넘긴 교육·어린이·육아와 생활·패션·건강 쪽 채널도 사정은 마찬가지. 고만고만한 채널로 봇물 터질 듯했다.

프로그램 갈증.

티브이 안에 꽉 찬 듯한 채널 수와 달리 방송 프로그램은 늘 모자랐다. MBC 〈무한도전〉이나 KBS 2TV 〈1박 2일〉 같은 인기 프로가 유료방송 채널 여기저기서 다시 방송되기 일쑤. 채널이 넘치다 못해 티브이 밖으로 툭 비어져 나갈 지경이되 볼거리는 그다지 많지 않은 흐름이 꾸준히 이어졌다.

실제로 방송사업 시장 지배력을 넓혀 가는 씨제이이앤엠(CJ ENM) 쪽 2015년~2018년 채널 편성 흐름을 보면, 오락 채널 티비엔(tvN)이 만든 인기 드라마 〈도깨비〉를 계열 티브이 채널로 일흔일곱 차례나 거듭 방송했다. 또 다른 인기 드라마 〈응

답하라 1988〉과 오락 프로 〈신서유기 시즌3〉도 CJ ENM 계열 채널로 쉰 번, 마흔여섯 번씩 재방송했다.

영화 전문 채널은 더욱 심했다. CJ엔터테인먼트가 배급한 영화 〈베테랑〉을 같은 기간 동안 CJ ENM 계열 티브이 채널인 씨지브이(CGV), 오씨엔(OCN), 슈퍼액션, 캐치온으로 무려 백팔 차례나 내보냈다. 역시 CJ엔터테인먼트가 배급한 영화 〈조작된 도시〉도 마흔세 번 재방송했다. 티브이 리모컨을 손에 든 시민들에게서 "이걸, 또 틀어?" 하는 푸념이 절로 솟을 수밖에 없는 흐름. 한국 티브이 안에 채널이 많이 들다 못해 가득 찬 게 뚜렷해 보였다. 볼 만한 프로는 재방송을 거듭해 물리기 일쑤였고. 말하자면 '바보상자'에 가까웠다.

티브이 채널 수에 걸맞은 프로그램을 온전히 다 만들어 낼 능력을 갖추지 못해 늘 기우뚱거리는 한국 방송계 모습은 사실 1995년 종합유선방송사업이 시작될 때로부터 미리 어림잡아 헤아려졌다. 방송계와 정책 당국이 2002년 위성방송을 시작한 뒤로 채널 늘리기를 멈춘 까닭이기도 했다. 한데 이명박 정부—2008년 2월 25일~2013년 2월 24일— 들어 이상한 낌새가 엿보였다. 이명박을 정치판으로 이끈 데다 그를 "대통령으로 만드는 데 모든 걸 걸어도 되겠다"고 결심했다던 최시중이 2008년 3월 26일 제1기(~2011년 3월 27일) 방송통신위원회 위원장이 된 때로부터였다.

최시중 .

'이명박의 정치 멘토'여서 이명박 정부 첫 국가정보원장쯤 맡게 되리라던 그가 방송통신위원회로 내려앉자 '대체 뭘 하려는 것인지'를 헤아리려는 눈길이 쏠린 건 당연한 순서. 처음엔 방송을 장악해 이명박 정권 입맛에 맞추려는 뜻을 최시중이 등에 업은 것으로 보였고, 얼마간 그리 흘렀다. 이명박 정치 선생이자 친형—이상득— 친구이기도 한 최시중의 방송통신위원회가 2008년 7월 KBS 사장 정연주를 몰아낼 수 있게 KBS 이사회 짜임새를 바꾼 것.

그달 18일 오전 11시 한나라당 추천을 받아 제 1기 방송통신위원회 부위원장이 된 송도균, 대통령 이명박이 직접 상임위원으로 임명한 형태근이 'KBS 보궐이사 추천에 관한 건'을 위원회 긴급 의결 안건으로 갑작스레 올려 부산대 행정대학원장이던 강성철을 청와대에 추천했다. 야권 쪽 이사였던 동의대 교수 신태섭에게 결격 사유가 생겼다며 그를 KBS 이사회 밖으로 내몬 뒤 이명박 정부와 한나라당 쪽에 가까운 강성철로 자리를 채운 것. 최시중을 비롯한 송도균과 형태근이 '셋'을 이뤄 통합민주당 추천을 받아 제1기 방송통신위원회 상임위원이 된 '둘―이경자와 이병기'를 무시한 채 자기 뜻을 이뤘다. 그리 밀어붙인 데 힘입어 정연주 사장 해임에 찬성한 5명, 반대한 5명, 찬반 뜻을 내놓지 않은 1명이던 KBS 이사회 의결 짜임새가 찬성 6, 반대 4, 흐릿한 1로 바뀌었다. 그때 KBS 이사회 의결 짜임새를 찬성 7, 반대 4로 짚은 눈길도 많았다. 이명박 정부 최시중 방송통신위원회와 한나라당이 바란 쪽으로 KBS 이사회 짜임새가 기운 자취가 뚜렷했다.

조동동 방송.

정연주를 KBS에서 억지로 몰아내려는 움직임이 한창인 가운데 이명박 정부 최시중 방송통신위원회가 힘줘 함께 밀어붙이려는 일도 본모습을 드러냈다. 신문과 방송 겸영 허용. 여론 독과점을 불러 민주주의를 깨뜨릴 것으로 걱정돼 신문과 방송을 함께 갖거나 같이 경영할 수 없게 했던 미디어 관련법을 깨뜨리려 했다.

　2008년 12월까지 관련법을 바꾸겠다는 게 최시중 방송통신위원회―이명박 정부와 한나라당―목표였고, 2009년 1월 정보통신정책연구원(KISDI)이 방송법을 바꿔 규제를 느슨하게 하면 "낙관적으로 생산유발효과 2조9000억 원, 취업유발효과가 2만1400명 수준에 달할 것"이라며 군불을 지폈다.

이명박 정부 최시중 방송통신위원회는 KISDI
가 내놓은 장밋빛 전망에 풀무질을 했고, 2009년
7월 22일 뜨르르했던 '한나라당 국회 미디어법 날
치기' 덕에 뜻을 이뤘다. 그리 법석거린 까닭, 그 끝
에 '종편'이 도사렸다. 이른바 '조중동 방송'이 생겨
날 낌새였다. '조중동'은 오래전부터 조선일보, 중
앙일보, 동아일보를 한 꾸러미로 일컫는 말이었다.

보수 꺼풀.

이명박 정부 최시중 방송통신위원회는 이미 차고
넘치다 못해 깔딱, 숨넘어갈 지경에 닿은 티브이
채널 수를 외면한 채 왜 '종편'을 밀어붙였을까. 정
치 잇속 때문으로 읽혔다. '보수(保守)' 꺼풀을 뒤집
어썼으되 사실은 일제강점기로부터 이어진 정치·
경제·사회·문화 쪽 잇속을 놓지 않으려면 자기 말
잘 듣는 언론, 자신을 비판하지 않는 방송이 있어
야겠다고 여겼을 터. 그리 마음에 쏙 들 대중 매체
가 있어야 생각이나 움직임이 이명박 정부와 판박

이인 정권을 다시 만들 때 한결 수월할 것으로 봤겠지.

특히 2008년 5월 2일 광우병을 일으킬 수 있을 것으로 걱정된 미국산 쇠고기 수입 반대 집회로 시작해 이명박 퇴진 운동으로 번진 시민 촛불에 놀란 가슴이 '종편 품기'를 더욱 부추겼을 터다. 서울 광화문과 시청 앞 너른 마당에 쏟아진 뭇사람—다중(多衆)— 촛불이 가뜩이나 무서운 판에 그 모습을 제대로 티브이와 인터넷에 비춘 언론은 또 얼마나 두려웠을고. 어린아이를 수레에 태우고 나와 촛불에 마음 보탠 어머니가 가장 무섭지 않았을까. 즐거운 놀이마당에 몰려나온 듯 흥겹게 자기 생각 외치는 중고등학생은 또 그 얼마나 두려웠을고. 이런 모습 잘 덮어 줄 언론, 촛불보다 태극기 들고 '나라에 충성!' 하는 그림으로 티브이를 채워 줄 채널. 이명박 정부 최시중 방송통신위원회의 바람. 곧 정치 잇속 채널로 읽혔다.

2

아기 품듯
종편 보듬은
최시중

"많아야 한두 개. 둘도 많을 거다."

2010년 12월 31일 이명박 정부 최시중 방송통신위원회가 종편 넷을 새로 뽑아 정했을 무렵 나는 그리 봤다. 티브이 안에 이미 채널 가득하니 새 종편 둘도 많을 텐데 하나쯤이면 그나마 어찌어찌 버틸 수도 있을 성싶다고.

내가 듣거나 본 방송 쪽 사람 열에 여덟아홉 생각도 그랬다. 심지어 방송통신위원회 직원 여럿도 그리 짚었다. 한국 인구와 가구 수와 방송광고시장 크기 따위를 조금만 헤아리다 보면 누구나 쉬 닿는 결론. 실제로 2011년 3조7343억 원이었던 한국 방송광고시장—매출—은 2012년 3조5626억 원, 2013년 3조4763억 원, 2014년 3조2899억 원, 2015년 3조4736억 원, 2016년 3조2225억 원, 2017년 3조1650억 원으로 줄었다. 2015년에 2014년보다 1690억 원, 5.1%가 반짝 늘었지만 2011년부터 꾸준히 줄어드는 흐름이 뒤집히지는 않았다.

조중동매.

한데 이명박 정부 최시중 방송통신위원회 안 몇몇은 생각이 달랐다. 승인해 준 사업자가 무려 넷. 티브이(TV)조선과 제이티비씨(JTBC)와 채널에이(A)와 엠비엔(MBN). 이른바 '조중동'뿐만 아니라 매일경제신문까지 종편 채널―MBN―을 함께 경영할 수 있게 해 줬다. 2010년 9월 17일 종편 사업 승인 기본계획을 내놓으며 "사전에 사업자 수를 정하지 않고 일정한 심사 기준을 충족하는 사업자를 모두 선정하는 절대평가방식을 채택했다"고 밝혔을 때로부터 그리될 낌새가 엿보이기는 했다. 가뭄 들어 크기가 준 데다 가물치와 메기까지 사는 못에 새 미꾸라지를 네 마리나 더 풀어놓는 꼴로 보이자 사업 승인을 얻은 사업자마저 볼멘소리를 냈다. '지지든 볶든 너희가 알아서 잘들 살아남으라'는 뜻으로 보였으니까.

종편을 먹여 살릴 광고주 한숨 소리도 깊었다. 이명박 정부 최시중 방송통신위원회가 종편을 넷이나 낳아 놓자 한국에서 몇 손가락 안에 꼽힌 한 대기업의 언론홍보 임원은 내게 "광고 예산을 어떻게 짜고 집행할지 도무지 모르겠다"고 털어놓았다. 언론 쪽 광고에 쓸 돈을 무턱으로 늘릴 수 없으니 있던 돈을 잘 나눠 주며 살살 달래야 할 텐데 새로 보살펴야 할 방송사업자가 네 개나 새로 생긴

게 큰 짐이라는 얘기. 특히 종편 뒤에 조선일보·중앙일보·동아일보·매일경제신문이 버티는 터라 기업 쪽에선 종편을 마냥 힘없는 '아기'로 여길 수도 없는 노릇이었다. 종편 넷에 광고를 고루 많이 주지 않으면 방송뿐만 아니라 신문에도 시달릴 개연성이 커 보였기 때문. 기업이 새로 생긴 종편의 배를 얼마나 채워 주는지를 노려보는 다른 방송과 신문 또한 큰 짐인 터라 그 무렵 언론홍보 담당자들 머리가 그야말로 터질 지경이었다. 종편이 생겨난 2011년 이후로 한국 방송광고매출이 꾸준히 줄어 2017년 3조1650억 원까지 내려앉은 만큼 기업 언론홍보 쪽 고민도 날로 깊어졌을 것으로 읽혔다.

아장아장.

종편 사업 승인을 허투루 네 개나 내준 듯했던 이명박 정부 최시중 방송통신위원회엔 그러나 깊은 뜻이 있었다. 종편을 아기 품듯 보듬은 것. '아기.' 하나나 둘도 아닌 넷을 모두 품었다.

실제로 최시중은 2011년 6월 3일 서울 세종문화회관 세종홀에서 열린 한국방송기자클럽 초청토론회에 나가 "(이명박) 정부가 봤을 때 종편이라는 아기를 낳았는데 걸음마(를) 할 때까지는 보살펴야 한다는 입장"이라고 말했다. "때문에 방통위가 할 수 있는, 가능한 대로 안착 수준에서 지원하겠다"고 덧붙여 종편 사랑하는 마음을 온전히 드러냈다.

먼저 광고 영업을 직접 할 수 있게 해 줬다. 한국에서 티브이로 상품 광고를 내보내려면 한국방송광고진흥공사(KOBACO)처럼 광고 판매를 대신해 주는 사업자를 거쳐야 했는데 종편을 예외로 둔 것. 중간에 거칠 게 없으니 수익이 좋을 수밖에 없는 짜임새였다. KBS와 MBC와 SBS 같은 지상파 방송사업자는 광고판매대행사로부터 광고를 위탁받는 대가로 광고판매액의 13~16%를 수수료로 내줘야 했지만, 종편은 그러지 않아도 됐다. TV조선과 JTBC는 2014년 4월 1일, 채널A가 그해 4월 22일, MBN이 같은 해 12월 1일까지 광고 영업을 직접 했다. 2011년 12월 1일 종편 4사가 한꺼번에 문을 연 뒤 2년 4개월에서 3년씩 '아기'다운(?) 보살핌을 누렸다.

특혜 .

종편을 KBS 1TV와 EBS처럼 케이블·위성·아이피(IP) 티브이로도 반드시 내보내야 할 채널로 정한 것 ─ 방송법 시행령 제53조(채널 구성과 운용) 1항─도 우스웠다. KBS 1TV와 EBS처럼 한국 사회에 꼭 있어야 할 만한 데다 공익을 위해 운영되는 공영(公營) 채널과 달리 종편엔 회사 주인이 따로 있어 재산상 이익을 꾀하는 짜임새였기 때문. 시청자가 돈을 낸 만큼 보거나 보지 않을 채널을 따로 고를 수 있는 케이블·위성·아이피 티브이에서 종편을 KBS 1TV나 EBS처럼 뺄 수 없는 채널로 여긴 꼴. 민영(民營) 방송사를 두고 공영처럼 우대했으니 이 또한 참으로 '아기'다운 보살핌이었다.

2018년 5월 문재인 정부 이효성 방송통신위원회와 유영민 과학기술정보통신부는 '종편 의무송출제도 개선'을 정책 연구 과제로 삼아 이를 없앨지를 두고 따지기 시작했다. 2011년 1.7%에 지나지 않았던 종편의 방송광고 매출 점유율이 2016년 11.1%로 높아졌고, 같은 때 1.4%였던 시청률도 15%로 높아져 "타 매체와 종편 간 형평성을 고려해 비대칭 규제를 재검토할 필요가 있다"는 게 두 기관 설명. 종편이 덩치를 키워 시장 상황이 달라졌으니 옛 특혜를 거둬들일 때가 됐다는 뜻으로 읽혔다. 놓치지 말아야 할 건 "형평성을 고려해"야 할 만큼 종편 쪽에 기운 큰 혜택이 2019년에 이르기까지 이어졌다는 점. 2011년 12월 1일부터 7년 넘게 의무 송출 채널로 뿌리를 내린 덕에 이젠 특혜를 거둬들이더라도 케이블·위성·아이피 티브이 사업자가 종편을 쉬 빼기 어려운 지경에 닿았다. 종편 쓰다듬은 이명박 정부 최시중 방송통신위원회의 섬세한 7년 전 손길. 지금도 생생히 느껴진다.

황금 .

채널 번호 15~20번을 얻은 것도 종편을 웃게 했다. 오랫동안 자리 잡아 시청자에게 익숙한 지상파 방송 채널 번호 6~13번에 잇댄 자리였기 때문. 서울에서 MBC(11번)나 EBS(13번)를 보다가 '다른 걸 찾아볼까' 하고 티브이 리모컨을 든 채 채널 바꿈 누름쇠를 위쪽으로 누를 때 대여섯 차례 안에 종편이 떡하니 버티고 있으니 마치 '지상파 방송 후광이라도 입은 듯' 보였다. 지상파 방송에 버금갈 채널로 꾸민 듯싶기도 했고. 오죽하면 "황금 채널"이라 불렀을까.

채널 번호는 종편 같은 방송채널사용사업자(PP)가 종합유선방송(케이블TV)사업자나 아이피TV사업자 들과 이야기를 나눠 가며 알아서 정할 일. 한데 2011년 12월 1일 종편 개국을 코앞에 앞둔 그해 10월 30일 이명박 정부 방송통신위원회 위원장 최시중이 4대 케이블TV 사장을 만났는데, 이를 '종편에 좋은 채널 번호를 주려는 압박'으로 여긴 사람이 많았다. 실제로 이 만남 뒤 팽팽하던 사업자 간 줄다리기가 종편 쪽으로 끌려가고 말았다. JTBC가 15번, MBN이 16번, 채널A가 18번, TV조선이 19번에 내려앉은 것. 케이블TV뿐만 아니라 아이피TV, 위성방송, 지역 중계유선방송에도 20번 안쪽에 종편이 자리 잡는 계기였다.

굼적굼적.

이명박 정부 최시중 방송통신위원회의 아기—종편 넷— 보듬기는 할 수 있는 모든 것으로 쉴 새 없이 이어졌다. 지상파 방송사업자는 전체 방송 시간의 80%를 국내에서 만든 프로그램으로 채워야 했는데 종편은 40%만 엮어도—편성해도— 됐다. 그 무렵 지상파 방송사업자는 드라마나 오락 프로그램 중간에 광고를 끼워 넣을 수 없었는데 종편은 할 수 있게 했다. 지나치게 쓰이면 위험할 수 있는 전문 의약품이나 병원은 티브이로 광고할 수 없는 품목임에도 이를 풀어 종편에 도움이 될 수 있게

하려고 만지작거리기도 했다. 바야흐로 종편에 눈
먼 이명박 정부 최시중 방송통신위원회인 성싶었
다.

특히 종편은 2011년 12월 1일 문을 연 뒤 박근
혜 정부로 이어진 2015년까지 4년 동안 방송통신
발전기금 분담금을 한 푼도 내지 않았다. 방송통신
발전기금은 방송통신 쪽에서 일할 사람을 키우고,
연구개발 따위 나랏일에 보탤 밑돈. 방송사업자마
다 알맞은 징수율을 정한 뒤 이를 1년 치 방송광고
매출액에 곱해 거둬들인다. 징수율이 높을수록 더
많은 돈을 내야 하는 짜임새인데 종편은 개국 뒤
4년간 0%였던 것.

종편은 2016년에야 징수율 0.5%로 기금 분담
금을 내기 시작했는데 그해 KBS 비율은 2.87%
였다. MBC와 SBS가 4.3%, EBS가 1.54%였던 데
다 오랫동안 사업에 어려움을 겪어 온 지역방송조
차 1.15%에서 2.3%씩 적용될 때여서 '종편 특혜
의심'이 꾸준히 이어졌다. 2018년 10월 민중당 국
회의원 김종훈은 '징수율 0.5%'를 적용해 2011년

12월부터 2015년까지 4년 동안 종편이 내지 않은 방송통신발전기금을 추산했더니 30억6200만 원에 이르렀다는 결론을 내놓았다. 징수율이 지역방송이나 EBS에 버금갈 1%였다면 냈어야 할 기금이 61억2400만 원쯤이었을 터.

종편에 맞춰 쓸 방송통신발전기금 징수율은 문재인 정부가 들어선 뒤인 2017년 9월에야 1%로 조금 올랐다.

3.

'빛마루' 덕에

JTBC

함박웃음

방송인 안정환(전 축구 국가 대표)·김성주·김풍(만화가) 씨가 스튜디오에서 나와 복도 건너편 출연자 대기실로 들어갔다. 요리사 이연복 씨는 화장실을 찾았고, 배우 김성령 씨가 복도에 선 채 방송 관계자와 이런저런 이야기를 나누며 웃었다.

2018년 4월 9일 오후 경기 고양 '빛마루' 방송지원센터 5층 복도 모습. 하루 287만 원을 내고 쓰는 300평짜리 중형 스튜디오에서 JTBC 프로그램 〈냉장고를 부탁해〉를 찍다가 잠깐 쉬러 복도로 몰려나온 제작진과 출연자였다. 녹화분은 2018년 4월 23일과 30일 밤 9시 30분에 두 차례로 나눠 방송됐다.

같은 날 빛마루 1층 500평짜리 대형 스튜디오. 〈슈가맨 2〉 세트를 세우느라 제작진이 바삐 움직였다. 세트 설치·녹화·철수를 3일 안에 끝내는 흐름으로 〈아는 형님〉과 함께 스튜디오를 나눠 쓴다는 게 빛마루 관계자 말. 하루 346만 원을 내야 하는 대형 스튜디오를 두 프로그램 제작진이 일주일 가운데 3일씩 틀어쥐었던 셈. 모두 JTBC 예능 프로그램이다.

예능 마당.

이명박·박근혜 정부가 중소 방송채널사용사업자(PP)와 독립 영상제작사를 위한 시설로 키우겠다던 빛마루가 JTBC 예능·교양 프로그램 마당처럼 쓰였다. 관련 제작 설비가 모자란 JTBC는 빛마루가 문을 연 2013년 12월 6일부터 2018년 11월 30일까지 5년 동안 스튜디오를 1392회(일) 빌려 썼다. 빛마루 스튜디오 전체 이용 일수 3610회의 38.55%로 가장 많았다. 특히 JTBC가 같은 기간 동안 500평짜리 대형 스튜디오를 쓴 비율은 84.45%에 이르렀다. 대형 스튜디오 전체 대여 일수 984회 가운데 831일이 〈히든 싱어〉와 〈아는 형님〉 같은 JTBC 예능 프로그램에 쓰인 것. 빛마루가 JTBC 간판 예능 프로그램 전용 스튜디오 구실을 한 셈이다. 〈팬텀 싱어〉와 〈힙합의 민족〉과 〈헌집 줄게 새 집 다오〉처럼 시청자를 쬔 JTBC 인기 프로 산실이 됐다. 그뿐인가. 〈2017 대통령 후보 초청 토론회〉와 〈신년특집 대토론 2018 한국 어디로 가나〉 같은 JTBC 기획 프로그램도 빛마루에서 만들어졌다.

2018년 흐름만 살폈더니 JTBC의 빛마루 스튜디오 이용 점유율이 42.36%로 치솟았다. 2018년

1월 1일부터 11월 30일까지 빛마루 전체 이용 일수 996회(일) 가운데 422일을 JTBC가 쓴 것. 같은 기간 JTBC의 대형 스튜디오 이용 일수도 165회로 전체—217일—의 76.03%에 달했다.

2018년 5월 JTBC 홍보팀장 정지원은 "예능 전용 스튜디오가 없는 상태"여서 빛마루를 "필요에 의해 쓰는 것"이라고 말했다. "상황에 따라 (제작에 필요한 설비를) 컨택해 쓰고, (빛마루처럼 이미) 쓰던 곳을 익숙한 대로 쓰는 것"이라고 덧붙였다. 빛마루가 JTBC 예능 전용 스튜디오 구실을 한 자취가 또렷했다.

머나먼 고양.

2013년 12월부터 2017년 12월까지 4년 동안 중소 방송채널사용사업자와 독립 제작사가 빛마루 스튜디오를 빌려 쓴 날은 764일에 그쳤다. 같은 기간 스튜디오 전체 대여 일수 2614회의 29.2%. JTBC를 비롯한 대기업은 1850일로 70.7%를 차지

했다.

빛마루 애초 설립 취지에 크게 어긋난 결과였다. 같은 기간 JTBC의 이용률 37.1%는 중소기업—29.2%—뿐만 아니라 다른 대기업을 합친 것—33.6%—보다 높았다.

사정이 이렇다 보니 "빛마루가 보유한 대규모 스튜디오 등은 지상파 방송사와 케이블TV 종합편성채널사용사업자만 이용 가능"하며 "이로 인해 빛마루 이용자는 JTBC 등 특정 이용자에게만 편중됨으로써 수익 구조를 다양화하는 데 한계가 있다"는 평가가 나왔다. 2016년 12월 빛마루 공동 운영기관인 한국콘텐츠진흥원(kocca)과 한국방송통신전파진흥원(KCA)이 스스로 내린 진단—빛마루 운영방식 개선안 연구—이었다. "이용자가 주로 지상파 방송사 인근에 위치한 유사 시설을 이용하기 때문에 지리적으로 먼 (경기 고양) 빛마루를 이용하기에는 물리적인 어려움이 있다"는 지적까지 덧붙었다.

2276억 원짜리 선물.

이용료도 문제였다. 빛마루방송지원센터장 류영
준은 2018년 4월 17일 "가격 부담을 호소하는 사
업자가 많아 여의도 쪽 (스튜디오 이용) 가격의 80%
로 책정했고, 20~30%씩 추가 할인"해 주는 체계
를 마련했다고 말했다. 2013년 12월부터 2017년
12월까지 4년 동안 500평짜리 대형 스튜디오 하
루 이용료가 700만 원에서 346만 원으로 떨어진
까닭으로 풀이됐다. 이런 노력에도 중소 방송채널
사용사업자와 독립 제작사의 빛마루 스튜디오 이
용률은 크게 높아지지 않았다.

2018년 3월 문재인 정부 과학기술정보통신부
장관 유영민이 먼 거리와 가격으로 엉킨 빛마루 실
타래에 손을 댔다. 과학기술정보통신부 방송진흥
정책국에 '중소 방송채널사용사업자의 빛마루 이
용 활성화 방안'을 마련하라고 지시한 것. 방송진
흥정책국은 한 달여 만에 소기업을 위한 이용료 할
인 구간을 새로 만들었다.

방송진흥정책국장 이창희는 2018년 4월 18일 "평균 매출 50억 원 이하 소형 피피(PP)를 위한 요금 할인율을 10%씩 더 늘리고, 정부 제작 지원 사업과도 연계해 추가 할인해 주는 방안을 마련할 것"이라고 밝혔다. "소기업이 더 활용할 수 있게 (빛마루 지원 체계를) 개선하는 게 기본 취지"라고 덧붙였다.

　2018년 5월 1일부터 적용한 문재인 정부 유영민 과학기술정보통신부의 '소기업 추가 할인' 정책이 빛마루 애초 설립 취지를 살릴 실마리가 되지는 못한 듯했다. 2018년 11월 30일까지 JTBC의 드높은 빛마루 씀씀이가 고스란했기 때문. 빛마루 방송지원센터를 만드느라 2009년부터 2013년까지 2276억 원―방송통신위원회 1104억 원, 문화체육관광부 1172억 원―쯤 들어갔다. 모두 나랏돈. 이명박·박근혜 정부가 피 같은 세금 들여 JTBC에 크나큰 선물을 준 셈이었다.

4.

SBS 앞지른

종편

시청점유율

최시중. 종편을 이명박 정부가 낳은 아기로 보고
걸음마를 할 때까지 보살펴야 한다고 말한 이. 실
제로 종편이 세상에 나와 걸음마를 시작할 때 그가
큰 구실을 했다. 2008년 3월 26일부터 2011년 3월
27일까지 3년 동안 제1기 방송통신위원회 위원장
이었으니까. 2011년 3월 28일부터 2012년 2월 1일

까지 1년쯤 제2기 방송통신위원회 위원장을 한 번 더 맡아 2011년 12월 1일 종편 문이 열리는 여는 걸 보기도 했고. 음. 이명박을 정치판으로 이끌어 대통령이 되게 한 데다, 이명박의 형 이상득과 친구인 터라 드높던 위세 그대로였다.

그 무렵 방송통신위원회 한 고위 공무원은 최시중 위세를 '책상 밑 보고서 셋'으로 느꼈다. 자신이 언론 움직임새 같은 걸 보고하면, 뭔가 확인하거나 견줘 볼 게 있는지 "(최시중이) 책상 밑으로 종이 보고서 세 개를 나란히 꺼내 들고 비교해 가며 듣고는 하더라"는 것. 그는 최시중의 책상 밑 보고서 셋이 나온 곳을 "방송통신위원회 실무진과 국가정보원과 청와대였을 것"으로 짚었다. 대통령이 된 이명박의 정치 스승이자 형 친구다운 서슬이 방송통신위원회 고위 공무원에게 고스란히 전해질 때였다.

줄.
—

대통령 이명박에게 가까워 힘센 최시중이 종편을 품기 위해 움직이자 방송통신위원회 공무원 사회에는 한 오리 실도 엉키지 않을 만큼 가지런한 줄이 섰다. 공무원 인사권을 가진 이명박과 최시중으로부터 가까운 자리를 경상북도와 대구와 서울대학교에 인연을 둔 사람으로 채운 줄. 이명박과 이상득과 최시중이 경상북도 '영포'—영일과 포항—에서 집안이 어려운 가운데 자랐고, 최시중이 대구에서 고등학교를 다녔으며, 이상득과 최시중이 서울대에서 만나 친구가 돼 서로 익숙한 만큼이나 같은 뒷배경에 가까운 사람일수록 허물없는 앞줄에 설 수 있던 것으로 읽혔다.

예를 들어 형태근. 방송통신위원회 전신 가운데 하나인 정보통신부 고위 공무원이었다가 대통령 이명박의 지명으로 제1기 방송통신위원회 상임위원이 됐다. 국회의원이자 이명박 정부 지식경제부 장관이던 최경환과 대구에서 같은 고등학교를 다녔고 행정고등고시 22회 동기이기도 했기에, 형태근은 이명박 정부 방송통신위원회 상임위원 넷 가운데 최시중과 가장 가까웠다. 당연히 앞줄에 선 것으로 풀이됐다.

종편 산파.

최시중과 허물없을 앞줄에 형태근이 서니 방송통신위원회 몇몇 공무원이 걸어갈 쪽이 뚜렷해 보였다. 종편 잉태하기. 낳고 품어 보살피기.

특히 김준상. 대구에서 고등학교를 나왔고 서울대 정치학과를 다녔다. 최시중으로선 경상북도 영덕에서 태어난 데다 같은 대학 같은 과 후배였던 그가 더욱 믿음직했을까. 김준상은 2008년 9월 이명박 정부 최시중 방송통신위원회 방송운영관이 된 뒤 1년 만인 2009년 9월 방송정책국장으로 자리를 높였고, 2013년 7월까지 무려 4년 11개월 동안 방송정책을 다뤘다. 이명박 정부 내내 방송정책 책임자였기에 '종편 산파'로 불렸고, 2013년 2월 출범한 박근혜 정부로 바통을 넘기기까지 한 것. 촛불 든 시민이 박근혜 정부를 끝장낸 뒤에도 '종편을 아기로 여긴 최시중 뜻'이 여전히 눈에 아른 거리는 건 어쩌면 김준상의 꼼꼼한 행정 능력 덕일지도 모른다. 그는 공복(公僕)—국가나 사회의 심부름꾼, 곧 공무원—으로서 시민에게 이로울 방송 정책을 올바로 세운 것일까.

웃음.

최시중의 보살핌과 그를 떠받친 방송통신위원회 몇몇 공무원에 힘입어 종편은 지금 웃는다. 2017년 12월 말 기준으로 271개 방송사업자가 한국에서 397개 티브이 채널을 운영한 가운데 JTBC와 TV조선 시청점유율이 SBS 점유율보다 높았다. JTBC 9.453%, TV조선 8.886%, SBS 8.661%. 방송을 시작한 지 6년째였던 2017년 두 종편의 시청점유율이 26년 된 SBS 점유율보다 높았으니 방송계가 적잖이 술렁였다.

　시청점유율은 시청자의 티브이 총 시청 시간 가운데 얼마쯤을 한 방송채널이 차지했는지를 살핀 것. 주식·지분·특수관계자로 이어진 방송사업자의 시청점유율을 모두 더해 비율을 낸다. 예를 들어 2017년 SBS 시청점유율 8.661%는 본인(SBS) 점유율 5.317%, 특수관계자인 SBS플러스 점유율 3.022%와 SBS바이아컴 점유율 0.322%를 모두 더한 결과다. 한국 시청자 백 명 가운데 여덟아홉쯤(8.661%)이 2017년 한 해 동안 SBS 관계사 채널을 봤다는 뜻. 시청점유율에는 조선일보나 중앙일보 같은 일간신문 구독률도 시청률로 고쳐 헤아린 뒤 따로따로 더하기 때문에 한 언론 매체가 시민에게 미치는 힘을 내보이는 지표로 쓰이기도 한다. 2017년 채널A와 MBN 시청점유율은 6.056%, 5.215%였다.

종편이 한국 방송계 세 손가락에 꼽히는 지상파 방송사업자 SBS보다 시청점유율이 높기로는 처음이었다. 종편이 웃는다. 활짝.

2장

시민
울다

2013년 3월 2일 밤 8시 30분부터 한동안. 눈길과 마음이 갈피를 잡지 못했다. 티브이 리모컨 채널 바꿈 버튼에 오른손 엄지 올려 둔 채. 가끔 한숨도 쉬었고. 티브이 창에 띄운 건 좋아하는 야구. 특히 한국 시민이 많이들 즐기던 〈월드 베이스볼 클래식〉이었다. 한국과 네덜란드가 벌인 예선 1라운드 첫 경기. '올해엔 어쩌면 한국이 우승할지도 몰라' 하는 기대와 '일본이나 미국과 결승에서 만나 9회 말 끝내기 홈런 같은 게 나오면 그야말로 끝내줄 텐데' 하는 마음 가득한데 … 채널이 15번. JTBC. 음. 종편은 보지 않겠다고 다짐하거나 "보지 말자"고 말하고는 했는데 '내가 지금 JTBC로 야구 중계방송을 보고 있다.'

채널 바꿈 버튼을 누를까. 좋아하는 야구 중계이니 아주 조금만 볼까. 참 고약했다. 다른 채널로 바꾸고 싶은데 자꾸 야구에 붙들렸으니. 그해 〈월드 베이스볼 클래식〉 중계권을 JTBC가 독차지한 터라 나는 달리 뭘 해 볼 수도 없었다.

홍석현.

1978년과 1979년 초등학교 사오 학년 때. 나는 부산 사는 사촌 동생이 부러웠다. MBC로 〈마징가Z〉보며 한창 즐거운 내게 "우리는 〈그레이트 마징가〉도 본다"고 말했으니까. 듣거나 본 적 없는 〈그레이트 마징가〉가 궁금해 나는 마음이 몹시 쓰리고 아팠다. 그게 TBC에서만—서울과 부산에만—방송된다는 걸 알고 나선 분하기도 했다. 차별로 느꼈으되 나는 달리 뭘 해 볼 수도 없었다.

2018년 11월 22일 CBS 〈시사자키 정관용입니다〉에 출연한 중앙홀딩스 회장 홍석현. JTBC를 "어떤 의도로 만드신 겁니까?"라는 정관용의 질문에 "윗대로부터의 남겨진 사명. 기회가 올지 안 올지는 몰랐지만, 한다면 TBC가 누렸던 그런 위상을 만들고 싶다"고 말했다. 그러니까 JTBC는 TBC 뒤의 것이다. 아버지 홍진기가 1970년대 중앙일보와 TBC 대표이사였고 아들 홍석현이 2010년대 중앙일보와 JTBC를 품은 중앙홀딩스 회장인 것처럼.

1980년 11월 30일 문을 닫은 TBC를 31년 만인 2011년 12월 1일 되살리는 게 홍석현의 사명(使命)이었던 것. 그가 스스로 짊어진 사명엔 아버지 홍진기뿐만 아니라 누나의 시아버지이자 삼성그룹 창업자인 이병철의 바람까지 고스란했을 터다. 음. 2010년 11월 30일과 12월 1일 사이 중앙일보가 이명박 정부 최시중 방송통신위원회에 종편 사업을 승인해 달라고 신청했을 때 법인 이름에 'TBC'가 들어간 걸 알고 나는 떨었다. '30년 전 TBC를 되살리다니. 무섭구나. 중앙일보에 종편을 더해 뭘 하려는 걸까. 시민 가슴에 뭘 심을까. 세상에 〈그레이트 마징가〉처럼 무거운 걸 내려 앉힐까.'

1997년 중앙일보 사장이던 홍석현은 삼성그룹 회장 비서실장 이학수를 세 차례 만나 그 무렵 정치권 움직임새와 제15대 대통령 선거 후보에게 정치자금을 줄 방법 따위를 두고 이야기를 나눴다. 두 사람이 주고받은 얘기를 국가안전기획부 직원이 도청해 둔 게 이른바 '안기부 X파일'이고, 이게 세상에 드러나 큰 파문이 일었다. 한국 제1 기업집

단—삼성그룹—비서실장과 함께 고급 식당 밥상에 정치권 움직임새를 올려놓고는 했던 홍석현. TBC를 되살려 가며 그가 지금 꾸는 꿈은 무엇일까. 꿈 끝은 어디에 닿을까. 자신이 가진 미디어 그룹을 발판 삼아 이탈리아 총리가 됐던 실비오 베를루스코니가 자꾸 겹쳐 눈앞에 어른거리는 건 왜일까.

손석희.

2013년 5월 홍석현이 '삼고초려'에 빗댈 정도로 애써 가며 JTBC 보도 담당 사장으로 맞아들인 사람. 시사저널이 1989년부터 해마다 '누가 한국을 움직이는가'를 1000명에게 물었는데 2004년부터 2018년까지 14년째 첫손가락에 꼽힌 언론인. 그리 가리켜진 비율이 무려 72.1%. 두 번째로 꼽힌 김어준의 비율이 6.4%, 세 번째 유시민이 3.4%였으니 손석희는 그 누구도 함부로 견주지 못할 힘을 선보였다. 그런 그가 JTBC로 간다는 소식이 들렸을 때 깜짝 놀란 사람 많았다. 종편에? 대체 왜? 물음표가 여러 곳에서 솟구쳤다.

홍석현은 2016년 12월에 낸 책《우리가 있기에 내가 있습니다》에서 손석희를 JTBC로 끌어들이려고 세 번째 만났을 때 그가 "모든 걸 믿고 맡겨달라" 했다고 밝혔다. 홍석현 자신도 "손 사장을 영입하면 그에게 보도에 관한 권한 일체를 맡기고 참견하지 않을 작정이었다"며 "그렇게 우리는 손을 잡았다"고 덧붙였다. 홍석현이 '손석희에게 보도를 믿고 맡기는 다짐'을 가다듬은 때가 정확히 언제였는지야 자신만 알 일이겠으되 둘이 맞잡은 손은 한국에서 본 적 없는 한 지붕 두 가족 보도 짜임새를 낳았다. 보수 쪽으로 기운 중앙일보와 보수로부터 조금 거리를 둔 듯한 JTBC. 그리된 건 손석희 때문이었다. 그가 JTBC로 들어가며 "균형, 공정, 품위, 팩트를 4대 가치로 한 방송 뉴스를 만들겠다"고 했던 것을 얼마간 지킨 결과로 보였다. 손석희가 JTBC를 그리 움직여 부렸다 할 것인데 앞으로 그가 다른 길을 찾아 떠나면 어찌 될까.

홍석현은 2018년 11월 22일 CBS 〈시사자키 정관용입니다〉에서 손석희를 두고 "제일 빠른 시일 안에 일류 보도국을 만들어 줄 사람이 누구냐"를 찾은 것이라 말했다. 자신과 "생각이 같은 사람을 찾은 게 아니"라는 것. 홍석현의 '일류 보도국'이 어느 정도를 일컫는지 모를 일이나 JTBC 보도를 믿는 시민이 많아진 지금, 손석희는 어쩌면 '제일 빠른 시일 안'에 자신을 맞아들인 이가 바란 만큼에 가까이 다가간 것으로 보인다. 그렇다면 두 사람이 맞잡은 손을 놓을 때가 생각보다 빨리—언제든— 올 수도 있다. 그리됐을 때 힘 있는 언론인 손석희가 어디로 어찌 움직일지 자못 궁금하다. 그가 떠난 뒤 JTBC 모습은 어림잡아 헤아릴 만하고.

들볶인.

한국 야구 대표팀은 2013년 3월 〈월드 베이스볼 클래식〉 예선 1라운드에서 주저앉았다. 첫 경기에서 네덜란드에 다섯 점을 내주고 한 점도 얻지 못한 게 짐이 돼 2라운드에 나가지 못한 것. JTBC를 더 보지 않아도 됐으니 가히 잘된 일이었을까. 아니, 한국 야구가 세계 야구 대회 예선 1라운드에 머물고 말았으니 아주 잘된 일만은 아니었다. 마음을 그리 크게 들볶일 일이 아닌 걸 알면서도 나는 못내 어지러웠다. 알 박히듯 종편이 시민 사회에 박혀 버린 게 느껴졌기 때문. '이래서 국회 날치기를 해서라도 종편을 세상에 심어야 한다고 생각했겠구나' 하는 깨달음까지였다.

2011년 12월 1일 종편 넷이 문을 연 뒤 2012년 11월 30일까지 1년 동안 월평균 시청률은 0.303%에서 0.489%에 지나지 않았다. 크게 마음에 두지 않더라도 한두 개는 스스로 무너질 수 있을 것으로 보이기도 했다. 한두 종편 사주가 큰돈을 들여도 수익이 나지 않는 사업 짜임새 때문에 발 들여놓은 걸 후회하거나 실망한다는 얘기가 들리기도 했으니까.

한데 2013년 들어 낌새가 대수로웠다. 시청률이 1%대로 올라서더니 웬걸, 2%에 닿기도 하는

게 아닌가. 그해 1월 26일엔 JTBC 드라마 〈무자식
상팔자〉 시청률이 무려 7.9%를 찍었다. 종편이 세
상에 뿌리를 깊이 내리기 시작한 흐름으로 읽혔다.
특히 2015년 10월 24일 드라마 〈송곳〉이 KBS나
MBC가 아닌 JTBC에서 방송되기 시작했을 때 나
는 가슴 깊숙이 찔렸다. 이를 어쩌나. 씁쓸했다.

세 치 혀 .

2013년 5월 종편이 뿌리로 버티며 줄기 내고 가지
뻗나 싶어 조마조마하던 무렵. 가슴 저민 일 터져
몹시 쓰라리고 아팠다. TV조선 〈장성민의 시사탱
크〉와 채널A 〈김광현의 탕탕평평〉이 1980년 5·18
광주민중항쟁을 두고 "무장 폭동"이라는 등 "(광주)
시민군이라기보다 북한에서 내려온 게릴라였다"
고 허투루 말한 것. 한국 민주 시민운동 속 큰 빛이
요, 결코 잊힐 수 없는 광주 민중의 아픔을 세 치 혀
로 마구 짓밟다니. 언론이 갖춰야 할 공적 책임과
공정성은 말할 것도 없고, 대중 매체로서 자질이

있는지 의심됐다.

2012년 TV조선은 513억 원을 벌었지만 순손실이 554억 원에 이르렀다. 채널A는 더욱 비참해 매출 480억 원에 순손실이 619억 원이나 됐다. 하여 급했을까. 그래선 방송사업이 곧 망할 성싶어서. 공적 책임이나 공정성이나 객관성 같은 것 접고 '5·18 광주민중항쟁 북한군 개입설'을 무턱으로 내밀고 본 것일까. 시청자 눈과 귀부터 사로잡고 보려고. 그것 들고 광고주 더 꾀어 주머니 좀 두둑이 하려고 말이다. 만일 그랬다면, '1980년 5월 광주에 북한군이 있었다'는 주장은 그저 역사를 비틀거나 그릇되게 풀어낸 것쯤으로 봐 주고 말 일이 아니다. 책임 무겁게 물어야 할 못된 짓에 가깝다.

1.

오보·

막말·

편파

오보(誤報).

사건이나 소식을 세상에 그릇되게 전해 알려 줌.
그리 잘못 알려진 사건이나 소식을 말하기도 한다.
오보는 언론 매체의 본디 구실을 뿌리로부터 흔든
다. 매체 존립 바탕까지 흔들 수 있고, 낯부끄러워

스스로 크게 반성할 일이자 무거운 책임을 져야 옳다.

2014년 4·16 세월(SEWOL)호 참사 때 MBN이 오전 11시 1분 7초께 '단원고 측, 학생 모두 구조'라는 자막을 티브이 화면에 처음 띄웠다. MBN은 11시 8분께 다시 '안산 단원고 학생 324명 교사 14명 전원 구조'라는 자막과 함께 "안산 단원고 학생 324명 전원 구조가 됐다, 교사까지 모두 14명이 구조가 됐다는 소식이 들어오고 있습니다"라고 전했다.

크기를 가늠할 수 없는 오보. MBN 기자는 단원고 강당에서 학교운영위원회 위원장이 말하는 걸 듣고 기사를 냈다고 밝힌 것으로 알려졌다. 한데 11시 1분이 될 때까지 단원고 강당에선 학교운영위원회 위원장은 말할 것도 없고 경찰마저 세월호 참사 흐름을 제대로 알지 못한 상태였다. MBN 기자에게 '전원 구조'를 책임지고 확인해 줄 만한 사람이 없었던 것. 결국 MBN 기자는 세월호 특별조사위원회에서 '전원 구조'를 누구에게서 들었는지

기억나지 않는다고 말을 바꾼 것으로 전해졌다. 그가 오락가락한 바람에 참사 오보가 어디서 누구 때문에 시작됐는지조차 제대로 밝혀지지 않았다.

11시 1분 MBN이 '전원 구조' 자막을 처음 내보낸 뒤 11시 3분 YTN과 채널A, 11시 6분 뉴스Y와 TV조선 들로 똑같은 보도가 퍼졌다. 특히 MBN 기자의 전화 통화를 엿듣고는 단원고에 나가 있는 자사 기자에게 확인한 뒤 분침이 11시 1분에 머무를 때 '안산 단원고 "학생 338명 전원구조"' 자막과 보도를 내보냈다는—말 그대로 믿기 어려운—MBC. 여러 매체가 '전원 구조'를 연거푸 쏟아내 희생자 가족과 시민 가슴을 깊게 저몄다. 씻을 수 없을 아픔. 오보를 낸 매체는 시민 가슴 저민 책임을 올바로 진 적 있는가.

반성은 커녕.

그해 MBN은 제대로 반성하거나 자세를 바로 하지 않았다. 특히 공정해야 할 보도 프로그램에 광고와 간접광고를 끼워 넣어 스스로 믿을 만한 매체가 아닌 걸 내보이기도 했다. 2014년 10월 25일부터 12월 27일까지 두 달 동안 보도 프로그램 〈경제 포커스〉에서 '농협 하나로마트'가 파는 과일과 해산물 따위를 방송 소품으로 쓰며 여러 차례 화면에 나오게 하고 진행자 입에 올렸다. 그해 12월 6일에는 '한국전력공사' 상호를 화면에 나오게 하고 진행자 입에 올려 보도 프로그램과 광고를 뚜렷이 나누지 않은 채 광고 효과를 줬다.

공정히 제삼자 입장에서 사건을 보고 전해야 할 보도 프로그램을 돈벌이 광고에 쓴 MBN이 시민에게 뉴스를 계속 전할 수 있게 놓아둬야 할까. 그 무렵 방송광고판매대행사업자인 MBN미디어렙이 MBN 방송 프로그램 편성에 입김을 불어넣은 게 드러나기도 했다. 누군가에게 기대거나 지배되지 않은 채—독립해— 방송 프로를 편성해야 하는 바탕을 깨뜨린 MBN이 종편 사업을 계속할 수 있게 놓아둬야 할까.

막말 .

혀 돌아가는 대로 마구 하거나 속되게 말함. 함부로 하는 말을 일컫기도 한다. 티브이에서 그러면 곤란하다. 어린이를 비롯한 누구나 쉬 티브이 앞에 앉아 눈과 귀를 열 수 있으니 '함부로 말해선 안 되겠다'고 생각하는 게 사람이 갖는 보통 마음이니까. 두말할 나위가 있으랴.

2015년 2월 11일 TV조선 〈엄성섭 윤슬기의 이슈 격파〉 진행자 엄성섭이 한국일보 기자를 두고 "기자가 이게 기자예요? 완전 쓰레기지, 거의"라고 말했다. 엄성섭이 함부로 말한 까닭은 그 무렵 국무총리 후보자였던 이완구가 기자단과 만난 자리에서 한 말을 한국일보 기자가 녹음한 뒤 이를 새정치민주연합에 건넸다는 것 때문. 엄성섭은 녹음을 두고 "옳은 방법으로 입수된 것이 아니"라며 "앞으로 모든 대화는 녹음기나 (녹음 기능이 있는) 휴대폰 없이 해야 될 정도다. 한국일보는 엄청나게, 다른 언론인에게 피해를 줬다. 새정치민주연합 정보원도 아니고"라고 말한 뒤 '쓰레기' 발언을 잇댔다. 음. 혹시 엄성섭의 현장 취재 경험이 짧은 건 아닐까. 공인인 국무총리 후보자 이완구와 따로 만난 자리라면 녹음기나 녹음 기능이 있는 휴대폰부터 켜는 게 '기자'에게 좋다. 기사를 바르고 확실하게 쓸 때 좋고, 혹시나 나중에 딴소리할 수 있을 이완구에게 자신이 한 말을 확인시켜 줄 때 좋다. 한국일보 기자뿐만 아니라 이완구를 함께 만난 경향신문, 문화일보, 중앙일보 기자 가운데 둘도 녹음기를 쓴 까닭일 거다. 말하자면 녹음기를 취재수첩처럼 쓴 것. 기자가 이완구와 한 공간에서 이야기를 나누며 녹음했기 때문에 통신비밀보호법을 어긴 것도 아니다. 하니 "옳은 방법으로 입수된 것이 아니"라는 엄성섭 말은 그르다.

입김.

그날 이완구는 언론인 인사 따위에 입김을 불어넣을 수 있음을 엿볼 수 있게 한 말을 거듭했다. "내가 얘기하면 기자가 (인사 조치로) 자기가 죽는 줄도 모르게 죽을 수 있다"는 둥 "(내가) 윗사람들하고 다 관계가 있다. 간부에게 얘기하면 (기자) 보직을 바꿀 수도 있다"는 둥. 이완구가 그리 말한 걸 들었다면 기자로서 마땅히 보도해야 할 일일 듯싶다. 곧 국무총리가 될 사람이 언론 자유를 으르고 협박한 거였으니까. 기자가 한국일보 안 사정 때문에 제때 보도할 수 없었던 게 안타깝지만 '녹음된 내용은 공익에 이바지할 만한 것이었다'고 나는 짚겠다. 하니 한국일보 기자는 '엄성섭의 쓰레기'라기보다 '공익 제보자'에 가깝다고 나는 본다.

나는 엄성섭을 전자신문에서 잠깐 봤다. 1999년인 성싶은데. 한동아리로 짜여 취재해 본 적 없어 그 무렵 엄성섭을 나는 잘 알지 못한다. 다만 곰곰 되짚으니 '말수 적고 부끄럼 많이 탄 후배'로 생각났다. 아득한 기억 너머 전자신문 엄성섭과 TV조선 엄성섭이 아주 딴판으로 낯설다. '설마 같은 사람일까' 싶을 지경. 오래전 기억 속 한두 토막만 얽힌지라 그에게 섣불리 이러쿵저러쿵할 처지는 아니되 "잘 모르는 일이라면 어금니 사리무는 게 낫다"고 나는 말하겠다. 부디 막말 멈추시라.

그동안 종편은 "이 당 저 당 날아다니는 새철수", "간만 본다고 해서 간철수", "문재인 의원 삽질을 하시니", "유시민 전 장관, 틀린 이야기를 싸가지 없게 하는 재주 겸비" 따위로 방송통신심의위원회로부터 연거푸 제재를 받았다. 승려였으나 종단으로부터 이름이 지워진 사람이 생방송에서 이정희 전 통합진보당 대통령 후보를 두고 욕을 내뱉기도 했고. 부디 막말 멈추시라.

편파(偏頗).

한쪽으로 치우침. 공평하고 올바르지 못한 것. 티브이에서 그러면 안 될 일이다. 온갖 매체마다 입에 배어 굳은 말버릇으로 "우리는 공정하다"고 하나 몇몇은 뼛속까지 한쪽으로 치우친 성싶은 생각을 드러내기 일쑤. 특히 종편을 바라보는 시민 눈길이 곱지 않다.

오죽하면 자유한국당 전 대표 홍준표마저 종편을 두고 "종일 편파 방송만 한다"고 꼬집었을까. 정치인으로 살며 종편 덕을 많이 봤을 수 있을 그가 되레 그리 소리치니 앞뒤가 많이 어긋난 듯한데… 아무튼 홍준표는 2017년 5월 3일 대구 동성로 대선 유세에서 "종편! 왜 종편이라고 하는가 하면, 종일 편파 방송만 한다고 (해서) 종편"이라고 말해 박수를 받았다. "원래 내가, 종일 편파 방송(만) 하는 종편을, 내가 원내대표 때 민주당하고 싸워서 만들어 줬어요. 왜 그걸 만들었느냐. 그때 엠비시가 하도 좌편향돼 있어서 안 되겠다. 종편이라도 만들어야 되겠다. (그래서) 여당하고 싸워서 만들었거든요"라고 고백이거나 독백 비슷한 말도 덧붙였다.

홍준표 말의 참과 거짓과 깊이 따위를 두고는 듣는 사람마다 나름으로 짚어 볼 일이겠으되 "종일 편파 방송만 한다"는 통찰(?)에는 나도 아낌없는 박수를 보내고 싶었다. 그날 그는 "그러니까 내가 집권하면 종편 네 개 중에 두 개는 없애버리겠다"는 약속까지 내놓았다. 대단하지 않은가. 박수 받을 만했다. 물론 무엇이 어찌 치우쳤는지를 두고 는 서로 다르다 못해 고개가 연거푸 갸울어질 일이 겠지만, 박수야 못 쳐 줄 일 아니다. 그만큼 방송이 어느 한쪽으로 치우쳐선 안 된다는 사람들 생각이 무겁다는 뜻으로 읽자.

종편을 '종일 편파 방송'으로 보는 홍준표 생각 은 제법 묵었다. 2017년 4월 26일 서울 세종문화 회관에서 열린 한국방송기자클럽 토론회에 자유 한국당 19대 대선 후보 자격으로 초청돼 "종일 편 파 방송을 한다고 해서 종편"이라며 "종편 만든 것 을 참 후회한다"고 말했다. 대선 뒤 7개월이 흐른 2017년 12월 16일 천안 우정공무원교육원에서 열 린 자유한국당 기초광역의원 세미나에 강연자로 나가 "엠비시가 이명박 정부 초기 좌파 방송이어 서, 엠비시에 대항하기 위해서 종편을 만들었는데 만들고 나니까, (종편) 방송사 4개 전부 하루 종일 편파 방송만 하고 있다"고 거듭 짚었다. 대선 앞뒤 를 가릴 것 없이 '종편은 종일 편파 방송'이라는 생각이 야무지고 튼튼한 셈.

믿기지 않지만 한국 제1 야당 우두머리였던 사람이자 스스로 종편을 만들었다고 고백하는 이가 오랫동안 '종일 편파 방송'이라고 비틀어 말했다. 속내가 무엇이든 종편 넷이 '홍준표의 이상한 편파' 몰이에 쫓기거나 휘둘리진 않으리라. 설마. 그럴 리야.

버릇.

2017년 3월 종편 두 번째 재승인 심사 때 2014년부터 2016년까지 3년 치 오보·막말·편파 방송 흐름을 살피니 TV조선은 384회나 심의 조치됐다. 2014년 96건, 2015년 127건, 2016년 161건. 방송통신심의위원회 행정 지도와 법정 제재에도 날로 입이 거칠어진 것. 앞서 첫 번째 재승인 심사를 받던 2014년 3월에도 TV조선은 방송을 시작한 2011년 12월 1일부터 꾸준히 거친 입을 놀린 나머지 공정성을 스스로 깨뜨렸다는 지적을 받았다. 실제로 재승인 심사위원회가 "보수 편향 출연자가 많다"고 짚었다. 그 무렵 TV조선 대표였던 오지철이 재승인 심사위원들에게 "안타깝지만 생방송으로 진행되는 시사 대담 프로그램에서 매끄럽지 못하고 정제되지 않은 진행이나 발언 등으로 야기된 방송 품위 문제와 관련, 개선해야 할 점이 있음을 잘 인식하고 있다"고 말해야 했을 지경. "TV조선은 방송을 통해 드러난 부족한 점을 빠른 시일 내에 보완함으로써 한층 세련되고 성숙한 방송이 될 수 있도록 매진해 나가겠습니다. 방송 공정성을 높이고 여론의 다양성을 확보하면서 공적 책임을 다하기 위한 노력을 경주하겠습니다. 방송 언어 순화를 위한 노력도 조직적으로 강화해 나갈 것"이라는 약속도 했다. 하지만 이듬해인 2014년부터 2016년까지 꾸준히 심의 조치 수가 치솟았으니 오지철의 약속은 지켜지지 않았다. 결국 시민은 2011년 12월 1일부터 2016년 12월 말까지 내내 TV조선 오보·막말·편파 방송에 시달렸다. 지금도 그렇고.

문제 패널.

채널A도 녹록지 않았다. 오보·막말·편파 방송에 따른 심의 조치 수가 2014년 54건, 2015년 67건, 2016년 74건. 꾸준히 치솟았다. 2014년 3월 첫 번째 재승인 심사 때에도 매한가지. 재승인 심사위원회로부터 "출연자 섭외가 편향적이고 인신공격과 막말 등 방송으로 품위를 떨어뜨리는 언어를 사용했다"는 평가를 받았다. 그때 채널A 편성본부장 송미경이 "심의에 많이 걸린 부분이 출연자로 인한 부분이 굉장히 많다. 저희가 개선해야겠다는 생각을 강력히 하고 있고, 여러 가지 (심의) 보완 시스템을 마련하고 있다"며 "앞으로도 더 신경을 많이 쓰겠다"고 말했지만 이듬해 까먹고 말았을까. 약속을 지키지 않았다. '5·18 광주민중항쟁 때 북한군이 개입했다'는 바탕 없는 방송으로 법정 제재를 받았을 정도로 시민 가슴을 저민 채널A. 시민은 언제쯤 채널A 오보·막말·편파 방송 굴레를 벗을 수 있을까.

JTBC 오보·막말·편파 방송 심의 조치 수는 2014년 16건, 2015년 7건, 2016년 29건이었다. MBN은 2014년 18건, 2015년 13건, 2016년 27건. 공정히 방송해 공적 책임을 져야 한다는 생각을 머릿속에 새겨 넣듯 깊이 기억해야 할 터다. 돌이켜 본 뒤 같은 잘못을 되풀이하지 말라는 얘기.

박근혜 정부 때 옛 새누리당 추천을 받아 제3기 방송통신위원회 상임위원이 된 김석진은 2017년 2월 7일 "무엇보다 (종편 시사 보도 프로그램) 패널이 문제"라며 "오보·막말·편파 방송을 한 패널에 대한 제재가 이뤄져야 한다"고 말했다. 옛 새정치민주연합 추천을 받아 제3기 방송통신위원회 상임위원이 된 고삼석도 같은 날 "(종편이) 출범한 지 6년이나 됐음에도 공적 책임과 공정성 시비가 있다는 건 굉장히 부적절하다"며 "(오보·막말·편파 방송을 계속하는) 패널이 어떤 배경을 갖고 있는지 살펴봐야 한다"고 짚었다. 특히 2016년 총선에서 정당에 공천을 신청했던 패널들이 종편에 "대거 다시 출연한다"며 "(이들이) 중립적인 전문가인 양 활동

하면 안 된다"고 덧붙였다.

음. 종편에 내린 오보·막말·편파 방송 뿌리가 생각보다 깊은 듯싶다. 끊임없이 "잘못됐다"고 짚고 "바꾸라"고 말해야겠다. 셋쯤 사라지면 좋겠고. 넷 다 문을 닫으면 내 두 손 들어 반기리라.

2.

양치던
아이처럼

2017년 3월 종편 셋—TV조선·채널A·JTBC—의
두 번째 사업 재승인(MBN은 그해 12월)을 앞두고 "이
번에 하나쯤 문을 닫게 될 수도 있다더라"는 얘기
가 들렸다. 그 하나쯤에 TV조선이 꼽혔다. TV조선
이 그해 2월 24일 방송통신위원회 재승인 심사에
서 총점 1000점 가운데 625.13점을 얻는 데 그쳐

기준 점수 650점을 넘기지 못했기 때문. 방송 사업을 할 만한 바탕을 올바로 갖추지 못했음이 뚜렷했다. TV조선은 2014년 3월 첫 번째 재승인 때로부터 짊어진 여러 승인 조건과 약속을 제대로 지키지 않아 스스로 벼랑 끝에 선 꼴이었다.

그 무렵 박근혜 정부 최성준 방송통신위원회가 TV조선에 지켜야 할 조건을 많이 달거나 사업 유효 기간을 1년이나 2년으로 줄일 것을 두고 고민하는 자취가 엿보였다. 재승인해 주지 않아 방송 사업을 하지 못하게 할 수도 있다는 얘기도 들렸으니 TV조선으로선 제법 급한 처지였다.

자업자득.

특히 콘텐츠 투자 약속을 지키지 않은 게 커 보였다. 2014년에만 483억1200만 원을 쏟아붓겠다고 하고는 459억6400만 원만 들였다. 23억4800만 원을 덜 쓴 것. 콘텐츠 투자액은 2014년 3월 첫 번째 사업 재승인을 받을 때 짊어진 조건인 터라 꼭

지켰어야 했다. 2015년 투자 약속—계획—도 지키지 않았다. 557억1600만 원을 쏟겠다고 하고는 476억200만 원만 들였다. 81억1400만 원이나 덜 쓴 것. 2016년 약속인 654억5700만 원도 허물어졌다. 계획보다 77억9700만 원이 적은 576억6000만 원만 썼다. 박근혜 정부 최성준 방송통신위원회를 어리석게 보고 웃음거리로 만든 걸로 읽혔다. 행정 당국을 놀렸으니 시민을 얕본 것이나 매한가지. 첫 번째 사업 재승인을 받을 땐 쓸개라도 내놓을 성싶었겠지만 3년 내내 약속을 어겼으니까. 음. "늑대가 나타났다"고 연거푸 거짓말한 양치기 소년이 TV조선에 겹쳐 보였다.

TV조선은 2011년 12월 1일 방송을 시작한 뒤에 맞이한 첫 사업연도인 2012년에도 콘텐츠 투자 약속을 지키지 않았다. 1575억 원을 투자하겠다던 계획과 달리 604억 원만 들였다. 이듬해인 2013년엔 1609억 원을 투자하겠다던 약속으로부터 더욱 어긋나 414억 원에 그쳤다. 이행률 25.7%. 가장 나쁜 "늑대가 나타났어요!"였다. 되짚어 보자면, TV

조선은 방송을 시작한 이래로 2016년까지 5년 동안 콘텐츠 투자 약속을 단 한 번도 지킨 적 없는 양치기 소년이었다. 2017년엔 812억 원을 들여 투자 계획 800억 원을 넘겼다. 약속을 지킨 게 처음. 그 덕에 TV조선이 '양치기 소년' 인상을 깔끔히 지울 수 있을까.

위반 또 위반.

채널A도 2014년 3월 첫 번째 사업 재승인을 받을 때 스스로 내민 콘텐츠 투자 약속을 지키지 않았다. 2014년 621억5100만 원을 투자하겠다더니 505억5200만 원만 썼다. 약속을 꾸준히 깨 2015년 704억6300만 원을 쓰겠다고 한 뒤 600억 7200만 원만 들였다. 2016년에도 834억4500만 원을 투자하겠다던 약속을 어기고 739억8100만 원에 그쳤다.

채널A는 앞서 2012년에도 1804억 원을 투자하겠다고 약속하고는 985억 원만 썼다. 이행률

54.6%. 2013년엔 더욱 어이없었다. 1872억 원을 계획한 뒤 493억 원만 들였다. 이행률 26.3%. 양치는 소년 뺨칠 비율. 좋은 방송 프로그램을 만들 생각이 있는 것인지, 좋은 방송사업자가 될 마음이 있기나 한 것인지 참으로 의심쩍다. 채널A는 2017년에도 콘텐츠 투자액을 843억9600만 원으로 짰으나 19억6300만 원이 모자란 824억3300만 원만 들였다. 애쓴 자취가 엿보이니 손뼉이라도 쳐줘야 할까. 아니, 책임을 무겁게 물어야 옳다. 하지만 문재인 정부 이효성 방송통신위원회는 2019년 1월 29일 채널A에 과징금 같은 걸 따로 내라 하지 않고 같은 해 12월 말까지 "재승인 조건 위반 사항을 시정할 것을 명"하는 데에 머무르고 말았다. 2011년 12월 1일 방송 사업을 시작한 뒤로 2017년까지 6년 동안 콘텐츠 투자 약속을 단 한 번도 지키지 않은 종편을 시민이 더 참고 견뎌야 하나. 대체 언제까지 그래야 하는가.

약속은·또 무슨 약속.

MBN도 마찬가지. 2014년 40억9900만 원을 계획한 뒤 39억2100만 원, 2015년 632억9600만 원을 약속하고는 499억9500만 원, 2016년 764억3200만 원을 쓰겠다더니 551억7100만 원에 그쳤다. 앞서 2012년에도 1660억 원을 짠 뒤 711억 원만 썼고, 2013년엔 1815억 원을 약속하고는 770억 원만 들였다. 단 한 번도 약속한 만큼 쓰지 않은 것. 심지어 2017년 12월 1일 두 번째 재승인을 받은 뒤 한 달 동안에도 60억9000만 원을 짜고는 2억1100만 원이 적은 58억7900만 원만 들였다. 약속을 지킬 생각이 있긴 한가. 화장실 갈 때와 나올 때 마음이 다른 걸까.

JTBC도 2016년까지 콘텐츠 투자 약속을 지킨 적 없다. 2014년 1612억2600만 원을 계획한 뒤 1174억4100만 원, 2015년 1987억1200만 원을 약속하고는 1306억6000만 원, 2016년 2096억2600만 원을 쓰겠다더니 1337억9800만 원에 그쳤다. 앞서 2012년에도 2196억 원을 짠 뒤 1129억 원만 썼고, 2013년엔 2322억 원을 약속하고는 1511억 원만 들였다. 그나마 2017년 1349억 원을 들여 투자 계획 1229억 원을 넘겼다. 약속을 지킨 게 처음. 그 덕에 JTBC가 '양치기 소년' 인상을 깔끔히 지울 수 있을까.

결국 종편 넷 모두 거짓말을 밥 먹듯 한 셈이다. 이솝 이야기 속 양 치던 아이처럼.

3.

값싼

방송

"콘텐츠 투자는 (방송) 편성 비율과도 연결돼 있는 것 같다. (종편이 많이 편성하는) 보도 프로그램은 제작비가 적어 한마디로 싼 방송을 하는 것이다."

옛 새정치민주연합 추천을 받아 박근혜 정부 방송통신위원회 상임위원이 된 김재홍의 말. 2017년 3월 종편 두 번째 재승인을 앞두고 "자기들이 약속한 (콘텐츠) 투자를 안 하는데 (약속을 지키라고) 계속 요청하고 지적해야 할 것 같다"고 짚었다. 투자 없이 좋은 방송 프로그램이 나올 리 없고, 좋은 프로그램이 없으니 종편다운 편성도 하지 못한 채 재방송을 내보내기 일쑤라는 지적으로 읽혔다.

천편일률.

"제작비가 적어 한마디로 싼 방송"이라는 '보도 프로그램'에는 시사·토론·논평 따위를 품은 것으로 보였다. 이른바 '전문가'라는 사람 몇몇이 마주 앉아 말다툼하거나 세상일 두고 이러쿵저러쿵하는 그림을 만들어 편성 시간을 길게 삼키는 데엔 그다지 많은 돈이 들지 않기 때문. 2015년 11월 30일 〈한겨레〉 기자 문현숙은 이런 제작 행태를 두고 "종편들은 (눈에 띄는 지상파 프로그램이 없는) 오전 10시에서 오후 5시가 주 공략 시간대"인데 "프로그램들은 천편일률적이다. 제작비를 별로 들이지 않으면서 한 무대에 패널들을 '떼'로 모아 놓고 이

야기하는 예능 시사 토크가 주를 이룬다"고 보도
했다. "저비용만 신경 쓰느라 '싸구려' 프로그램을
양산하고 있다는 지적도 나온다"고 덧붙였다. 한
때 사오십 퍼센트를 넘나들던 재방송 비율도 '값싼
방송' 느낌을 덧칠했다.

드라마.

2014년 3월 종편 첫 번째 재승인을 앞두고 박근혜
정부 이경재 방송통신위원회 방송정책국장이던
정종기도 TV조선을 두고 "(콘텐츠) 계획 대비 30%
투자 실적으로 인해 균형 있는 편성이 이루어지지
않고 있다"고 짚었다. 실제로 TV조선은 2013년 콘
텐츠 투자가 414억 원으로 애초 약속인 1609억 원
의 25.7%에 머물렀다. 2012년에도 투자액 604억
원으로 본디 계획했던 1575억 원의 38.4%에 그
쳤다. 2년 동안 투자 이행률이 32%에 지나지 않았
던 것. 턱없이 모자란 콘텐츠 투자 이행률은 결국
2013년 보도 프로그램 편성비율 48.2%로 이어졌

다. 제작비가 넉넉하지 않다 보니 방송 전체를 보도는 많고 오락 프로는 적게—17.2%— 짤 수밖에 없었을 것으로 풀이됐다. TV조선이 만든 변변한 드라마가 무엇이었는지를 곰곰 헤아려 봤으되 손가락에 제대로 꼽을 수 없는 까닭일 터다.

혹시나 싶어 2018년 12월 10일(월)부터 16일(일)까지 TV조선 프로그램 안내를 살펴봤지만 드라마는 없었다. 드라마 한두 편 제대로 만들어 내보내지 못하는 채널을 두고 '종합편성을 한다'고 말할 수 있는 건가. 태울 돈 없고 능력마저 모자란다면 차라리 보도 전문 채널로 돌아서는 게 낫지 않을까.

같은 기간 동안 채널A 수목 미니 시리즈 〈열두 밤〉과 토일 드라마 〈커피야 부탁해〉, MBN 수목 드라마 〈설렘 주의보〉, JTBC 금토 드라마 〈SKY 캐슬〉이 눈에 들어오긴 했다. '그쯤이라면 종편답다'고 말해 줄 수 있을까. 음. 어떤 사람은 드라마에 버금갈 만한 이런저런 오락 프로그램으로도 넉넉하다고 여길 수 있겠으되 한국 보통 시청자 가운데

하나인 나는 '드라마가 부실한 종합편성'을 좀처럼
받아들여 주기 어렵다.

보도.

아나나 다를까. 2011년 12월 1일 종편 넷이 방송
을 시작한 뒤로 종합편성답지 않은 프로그램 짜
임새가 꾸준했던 나머지 2014년 첫 번째 사업 재
승인 때 일제히 "보도·교양·오락 등 다양한 방송
분야 상호 간에 조화를 이루도록 편성하라"는 조
건을 짊어졌다. 채널A엔 "뉴스, 탐사보도, 시사논
평, 토론대담 장르 프로그램을 합산해 34% 이내
로 편성할 것"이라고 콕 집어 가리켜지기도 했다.
2013년 보도 프로그램 편성비율이 43.2%나 됐으
니 9.2%포인트 넘게 줄이고, 그만큼을 26%에 머
문 오락 쪽으로 넘겨야 그나마 종편다울 것이라는
뜻.

　박근혜 정부 이경재 방송통신위원회가 채널A에
바란 '오락'은 두말할 것 없이 '드라마를 품은 오락'

이었다. 하지만 채널A 드라마는 2011년 12월 5일부터 이듬해 2월까지 3개월쯤 방송한 〈컬러 오브 우먼〉과 같은 때 시작해 2012년 3월 말까지 4개월쯤 이어진 〈해피앤드 101가지 부부이야기〉와 2012년 5월 7일부터 7월까지 2개월쯤 방영한 〈굿바이 마눌〉과 그해 8월 18일부터 10월까지 2개월쯤 이어진 〈판다양과 고슴도치〉 들 뒤로 꽤 오랫동안 티브이 화면을 채우지 못했다. 2012년 3월과 4월 사이에 50부작으로 짰던 드라마 〈인간 박정희〉도 시작조차 하지 못한 채 무르고 말았다.

드라마 몇 편 만들어 내는 게 그리 버거운데 굳이 "우리는 종편"이라 말하며 버텨야 할 까닭이 있을까. 갸우뚱. 하루빨리 시사·보도 전문 채널로 돌아서는 게 알맞을 듯싶다. 특히 MBN은 2012년 보도 프로그램 편성비율이 무려 51.5%에 이르렀다. 이듬해인 2013년 보도 프로그램 편성비율을 얼마간 떨어뜨리긴 했지만 39.9%나 됐다. 방송 프로 열에 넷이 보도물이었는데 스스로를 두고 "종편"이라고 쉬 말할 수 있었을까. 낯부끄럽지 않았을까.

4.

무능했거나
모르는 척했을
공무원

동아일보가 2012년 5월부터 7년여 동안 종편인
채널A 지분 30%를 꾸준히 넘겨 가지고 있었다. 방
송법 제8조 3항, 특수관계자를 포함한 대기업과
계열사·일간신문·뉴스통신사는 종합편성이나 보
도전문 방송채널사용사업자의 주식이나 지분 총
수의 100분의 30을 넘겨 가질 수 없게 했는데 이

를 어긴 것으로 풀이됐다. 문재인 정부 이효성 방송통신위원회가 그리 보고 2017년 8월 31일 "6개월 이내에 동아일보가 소유한 채널A 주식을 전체 주식 총수의 100분의 30 이하로 유지"하라는 행정처분을 냈다. 잘못됐으니 바로잡으라는 시정명령이었다. 2009년 7월 22일 이명박 정부 최시중 방송통신위원회와 뜻을 맞춘 한나라당이 국회에서 벌인 미디어 관련 법 날치기로 '신문 방송 겸영'이 시작됐으되 그나마 여론 과점과 왜곡을 막기 위해 마련해 둔 마지막 선 같은 법령을 동아일보가 깔봤으니 이를 바로잡으라는 뜻으로 읽혔다.

김재호.

동아일보가 채널A 지분 29.99%를 가진 상태였는데 사장인 김재호가 2012년 5월 학교법인 고려중앙학원 제16대 이사장을 함께 맡은 게 문제였다. 김 사장이 고려중앙학원 이사장이 되면서 학원은 동아일보의 특수관계자가 됐고, 학원이 이미 가지고 있던 채널A 지분 0.61%를 동아일보 지분 29.99%에 합쳐 헤아려야 했다는 게 문재인 정부 이효성 방송통신위원회 판단. 결국 30.60%로 지분 수 100분의 30을 넘겼으니 이를 바로잡으라는 처분이 났다. 동아일보는 그러나 '김재호 이사장이 단독으로 다른 자와 계약하거나 합의해 고려중앙학원의 대표자나 임원의 과반수를 뽑을 수 있는 자가 아니어서 특수관계자일 수 없다'며 맞섰다. 2011년 4월 이명박 정부 최시중 방송통신위원회가 채널A 방송 사업을 처음 승인할 때와 2014년 3월 박근혜 정부 이경재 방송통신위원회가 재승인할 때 '고려중앙학원과 동아일보가 특수관계자 사이라는 해석이나 처분이 없었다'는 점도 내밀었다. 그때 잘못됐다는 지적이 없었는데 왜 뒤늦게 문제 삼으려 드느냐는 것.

동아일보 주장에 얼마간 일리가 있어 보이자 문재인 정부 이효성 방송통신위원회가 궁지로 몰렸다. 2018년 11월 9일 서울행정법원이 동아일보 쪽 주장에 힘을 더 실어 준 것. 왜 그 지경이 됐을까.

2012년 5월 동아일보 사장 김재호가 고려중앙학원 이사장까지 맡게 된 걸 이명박 정부 이계철 방송통신위원회가 까마득히 몰랐기 때문일까. 알긴 했는데 생각 없이 지났기 때문일까. 잘 알았음에도 눈감았기 때문일까.

공무원.

2012년 5월 이명박 정부 이계철 방송통신위원회 방송정책국장은 김준상이었다. '종편 산파'로 불린 공무원. 2013년 7월 김준상으로부터 박근혜 정부 이경재 방송통신위원회 방송정책국장 바통을 넘겨받은 정 아무개도 동아일보의 채널A 지분이 100분의 30을 넘어선 걸 바로잡지 못했다. 정 씨는 2014년 3월 채널A 방송 사업의 첫 번째 재승인 업무를 맡아 했기에 지분이 넘친 걸 제대로 알아내지 못한 책임이 있다. 알고도 지나쳤다면 더욱 무거운 책임을 져야 하겠고.

　2015년 4월 정 씨로부터 박근혜 정부 최성준 방

송통신위원회 방송정책국장 자리를 받아 맡은 전 아무개 씨도 동아일보의 채널A 지분이 100분의 30을 넘긴 사실을 알지 못한 것으로 보였다.

김 아무개.

이쯤에서 눈길을 끄는 이. 2016년 2월 전 씨에 이어 박근혜 정부 최성준 방송통신위원회 방송정책 국장이 됐다. 그는 2017년 2월 종편 두 번째 재승인 업무를 준비하다가 동아일보의 채널A 지분이 100분의 30을 넘겼음을 알았다. 한데 채널A는 동아일보 초과 지분을 없애지 않은 채 그해 4월 방송 사업 승인을 다시 얻었다. 4개월 뒤인 2017년 8월 31일 동아일보 쪽으로 시정명령이 건네졌다지만 '신문 방송 겸영의 최후 방어선'처럼 매우 무거운 규제를 제때 지키지 않은 까닭이 제대로 밝혀지지 않았다. 2019년 1월에 닿도록 잘잘못을 따질 방송 통신위원회 내부 감사 같은 게 벌어지지 않았기 때문. 그리 그냥 묻히고 말 것인가. 2012년 5월부터

5년쯤 깜깜했고, 7년쯤 방송법 위반 상태가 이어졌다. 문재인 정부 이효성 방송통신위원회에는 이를 풀어낼 만한 힘이 없는 걸까. 2018년 10월 29일 민주평화당 국회의원 김경진은 "(방송통신위원회의) 감사와 관련된 감찰 제도가 미비하거나 부족"하다고 봤다. 7년쯤 묵은 잘못을 바로잡지 못하니 "부족하다" 할밖에. 달리 뭐라 짚겠는가. "무능하다" 할밖에. 달리 뭐라 말하겠는가.

김 아무개는 2010년 9월 이명박 정부 최시중 방송통신위원회 방송정책국장 김준상과 함께 종편 승인 기본계획을 짰다. 그때 방송채널정책과장이었다. 하여 그는 그야말로 '종편 정책 당국자'였다. 김 씨가 종편 첫 승인과 두 번째 재승인 업무를 맡아 할 때 정치·언론 쪽 압력은 없었을까. 자못 궁금하다. 진실은 무엇일까. 그가 공익을 위해 거짓 없는 사실을 세상에 밝혀 줄 날을 손꼽아 기다린다.

깜깜 .

2017년 4월 채널A 두 번째 재승인, 그해 8월 동
아일보 초과 지분 시정명령 업무를 맡았던 박근
혜 정부 최성준 방송통신위원회 방송정책국장
김 아무개. 그에게 따라붙는 물음표가 하나 더 있
다. 2013년 7월 박근혜 정부 이경재 방송통신위
원회 방송기반국장을 맡은 뒤 2014년 4월 종편
에 방송광고판매대행 — 미디어렙 — 사업을 처
음 허가해 줄 때 관련 기업들이 주식 소유 관련 법
령을 어긴 걸 몰랐다. 2014년 4월 TV조선미디어
렙 주식 4.60%를 가졌던 일동제약에겐 미디어렙
지분을 가질 자격이 없었다. 일동제약의 특수관계
자 유니기획이 방송광고판매대행 등에 관한 법률
제13조 4항에 따른 '광고대행자'였기 때문. 김 씨
는 이걸 모른 채 TV조선미디어렙에 방송광고 판
매 대행업을 할 수 있는 자격을 주는 업무를 지휘
했다. 그해 12월 MBN미디어렙에 똑같은 사업 허
가를 내줄 때에도 잘못이 이어졌다. MBN미디어

렙 주식 14.29%를 가졌던 한진칼은 그때 자산 총액이 10조 원을 넘었기 때문에 방송광고판매대행 등에 관한 법률 제13조 3항에 따라 미디어렙 지분 100분의 10을 넘길 수 없었다. 한진칼은 같은 법 4항에 따른 '지주회사'이기도 한 터라 MBN미디어렙 지분을 아예 가질 수 없는 규정까지 함께 어겼다. 김 씨는 이를 모른 채 사업 허가를 내줬고, 2015년 1월 김 아무개-3에게 박근혜 정부 최성준 방송통신위원회 방송기반국장 자리를 넘겨줄 때까지 자기 잘못을 알지 못했다. 김 아무개-3도 전임자가 무엇을 잘못했는지 알지 못한 채 2016년 2월 배 아무개에게 방송기반국장 자리를 넘겼다.

바통.

2016년 10월 '종편 미디어렙 재허가 기본계획'을 짠 박근혜 정부 최성준 방송통신위원회 방송기반국장 배 아무개. 그는 2017년 2월 김 아무개-2에게 방송기반국장 자리를 넘길 때까지 TV조선미디어렙 주주 일동제약과 MBN미디어렙 주주 한진칼이 법령에 어긋난 주식을 가지고 있는 걸 몰랐다.

2017년 3월 종편 미디어렙 재허가 업무를 지휘한 김 아무개-2. 일동제약이 TV조선미디어렙 주식 4.60%를 여전히 가져 법을 어긴 상태였지만 이를 알지 못했다. 그 무렵 일동제약이 '지주회사' 일동홀딩스로 바뀌었기 때문에 미디어렙 주식을 아예 가질 수 없는 법령까지 어기게 됐지만 이 또한 몰랐다. 그해 같은 달 크라운제과가 TV조선미디어렙 주식 5.52%를 가진 채 '지주회사' 크라운해태홀딩스로 체계를 바꿔 법을 어긴 것도 알지 못했다.

MBN미디어렙 주주 한진칼은 2014년 첫 사업 허가 때 법을 어긴 내용이 2017년 재허가 때에도 이어졌다. 박근혜 정부 방송통신위원회가 잘못된 걸 바로잡으라고 한 적 없으니 지분을 팔고 말고 할 게 없었을 것으로 보였다. 그 무렵 특수관계자 에스알비무등일보가 '일간신문'이어서 미디어렙 지분 10%를 넘겨 가질 수 없는 사랑방미디어가 채널A 주식 10.20%를 가지고 있던 사실도 드러났다. 또 다른 특수관계자 에스알비애드가 '광고대행자' 여서 사랑방미디어는 미디어렙 지분을 아예 가질 수 없기 때문에 이중으로 법을 어긴 꼴이었다.

박근혜 정부 최성준 방송통신위원회 방송기반국장 김 아무개-2는 2017년 6월에야 무엇이 잘못 됐는지를 알았다. 자신과 선임 국장들이 2014년 4월부터 3년 넘게 모두 까막눈이었음을 알게 된 것. 스스로 알게 된 건 아니었다. 2017년 3월부터 6월까지 3개월 동안 종편 미디어렙 영업 보고서를 검증하는 일을 맡았던 대명회계법인 회계사들이 지분 소유가 잘못됐음을 알아냈다. 그들마저 게으르거나 모른 척했다면, 한진칼 같은 덩치 큰 기업과 사랑방미디어처럼 일간신문을 가진 기업의 입김이 종편에 꾸준히 스며들 수 있었을 것이다. 그만큼 종편이 티브이 화면에 비춰 내는 세상이 비틀어지거나 그릇돼 시민을 울릴 개연성이 컸다는 얘기. 박근혜 정부 이경재·최성준 방송통신위원회 방송기반국장 김 아무개와 김 아무개-3과 배 아무

개와 김 아무개-2가 깊이 반성할 일이다. 그들을
도와 종편 미디어렙에 사업 허가를 내주는 일을 한
실무자도 마찬가지. 공익에 이바지하고 시민을 위
해 올곧은 심부름꾼이 되려는 자세를 다시금 가다
듬어야 할 터다.

솜방망이.

위법한 지분 투자 사실을 모른 채 미디어렙 사업
허가와 재허가까지 내준 건 큰 허물이었다. 큰 잘
못이었던 만큼 책임자 징계가 무거울 것으로 내다
보였다. 하지만 '국가공무원법에 따른 징계'를 받
은 이가 한 명도 나오지 않았다. 다들 '주의'나 '경
고'로 갈음하고 만 것.

　박근혜 정부 최성준 방송통신위원회와 문재인
정부 이효성 방송통신위원회 내부 사정에 밝은 한
고위 공무원은 이런 흐름을 두고 "처음엔 시끄러
워서 지적도 많이 나오고 했는데 좀 싱겁게 끝났
다"고 짚었다. 책임을 묻겠다며 방송통신위원회

자체 감사를 떠들썩하게 벌였으되 정작 '징계' 없는 결론을 내고 말았으니 싱거울밖에. 이곳저곳에서 "면죄부를 준 감사였다"는 평가가 나왔다. 감사가 끝난 뒤 신분과 직위가 바뀐 관련자가 한 명도 없으니 면죄부였을 개연성이 크긴 했다.

나는 지금도 궁금하다. 그들이 정말 몰랐을까. 몰랐다면 참으로 무능했다. 알았음에도 눈감았을까. 알고도 모르는 척했다면 참으로 나쁜 공무원이다. 한국은 헌법 제7조 1항에 "공무원은 국민 전체에 대한 봉사자이며, 국민에 대해 책임을 진다"고 정해 뒀다. 늘 그리하라고 제7조 2항에 "공무원 신분과 정치적 중립성은 법률이 정하는 바에 의해 보장된다"고 더해 뒀고. 음. 신문과 방송을 함께 운영하며 자신에게 유리하게 여론을 몰아가거나 돈 많은 큰 기업이 지나친 욕심을 부리지 못하게 하려고 막아 둔 종편 관련 지분율이 깨졌다면 '날카롭게 꾸짖고 바르게 바로잡아야' 한다. 늘 그리하라고 공무원 신분을 법률로 보장하고 보호해 주는 것 아닌가. 그리 못하겠다거나 두렵다면 공무원 신분과 자리를 내려놓고 떠나는 게 옳다.

공무원. 당신 엉덩이가 무거울수록 시민 울음이 커진다. 당신 엉덩이가 무거울수록 시민 주머니에서 나온 세금이 아깝다. 아는가. 힘센 기업과 종편 눈치나 보는 당신 엉덩이를 혈세로 떠받치는 시민은 참으로 서럽다.

5.

서울대 출신이
돌린
헷바퀴

다섯. 옛 방송위원회와 정보통신부를 한데 모은 방
송통신위원회가 2008년 3월 26일 새로 생긴 뒤로
2019년 1월 현재까지 11년여 동안 나온 위원장 수
다. 최시중·이계철·이경재·최성준·이효성. 최시중
이 가장 길게 했다. 2008년 3월 26일부터 2011년
3월 27일까지 3년 동안 제1기를 채웠고, 앉은 자

리 그대로 제2기 위원장이 돼 2012년 2월 22일까지 방송통신위원회에 있었다.

그는 제2기 위원장 10개월 만인 2012년 1월 27일 "지금이 제가 떠날 때가 아닌가 생각한다"며 스스로 물러났다. 그 무렵 '최시중 양아들'로 불리던 정 아무개가 여러 방송통신사업자로부터 뇌물을 받은 의혹을 샀기 때문. 정 씨는 이명박 정부 최시중 방송통신위원회 정책보좌역 자리를 차고앉아 뇌물을 받은 혐의뿐만 아니라 EBS 이사 선임 과정에 입김을 넣고, 한나라당 의원과 국회 문화체육관광방송통신위원에게 건너간 최시중의 돈봉투 따위를 배달한 의심까지 샀다.

최시중은 2008년 7월 정 아무개를 방송통신위원회 위원장 '정책보좌역'에 앉혔다. 전에 없던 자리였기에 '개방형 직위에 관한 특례 규정'을 바꿔 '4급 상당직'으로 만들었다. 처음엔 '3급 고위 공무원' 자리로 꾸리려 했을 정도로 정 씨를 바라보는 최시중의 믿음이 깊었다. 실제로 최시중은 제1기 방송통신위원회 위원장 취임 100일째를 하루 앞

둔 2008년 7월 2일 기자들을 만났을 때 정 아무개를 두고 "그놈한테는 믿고 맡길 수 있다"고 말했다. 방송통신위원회에 "곧" 자리를 잡을 것이라고 덧붙이기도 했다. 이런 흐름을 알고 있던 나는 이명박 정부 최시중 방송통신위원회로 막 출근한 정 씨에게 "3급이 아닌 4급 상당 자리가 됐는데 서운하지 않으냐"고 물었다. 그는 "어른 모시는데 4급이면 어떻고 5급이면 또 어떻습니까. 괜찮습니다"라고 대답했다. 최시중과 정 씨는 그런 관계였다. 믿고 맡기고 어른 모시는.

최시중은 정 아무개를 둘러싼 여러 의혹에 따른 부담 때문에—정 씨가 2011년 12월 15일 태국으로 빠져나간 뒤 한 달여 만에— 자리에서 물러나는 듯했지만 스스로 온전히 짊어져야 할 알선수재 혐의까지 벗진 못했다. 2007년부터 1년여 동안 파이시티—서울 양재동 복합유통단지— 쪽으로부터 8억 원쯤을 받고 관련 사업 인허가에 끼어든 게 드러나 2012년 5월 기소됐고, 그해 9월 법정 구속된 것. 음. 최시중과 정 아무개에게 얽힌 불법 정치

자금과 뇌물과 알선수재 혐의가 드러나지 않았다
면 어찌 됐을까. 최시중은 아마도 2013년 3월 말
까지 5년 동안 방송통신위원회 위원장 자리에 앉
아 있었을 성싶다.

최시중 뒤.

최시중 떠난 자리에 앉은 이는 이계철. 2012년 3월
9일부터 2013년 4월 17일까지 1년쯤이었다. 대통
령 박근혜가 전임자 이명박의 이계철을 내보낸 뒤
방송통신위원회 위원장 자리에 앉힌 이는 이경재.
2013년 4월 17일부터 2014년 3월 25일까지 1년
쯤이었다. 최시중·이계철·이경재가 2011년 3월
28일부터 2014년 3월 25일까지였던 제2기 방송
통신위원회 위원장 자리에 1년씩 나눠 앉은 셈. 최
시중과 이경재는 동아일보 정치부 선후배 사이여
서 이채로웠다.

  이경재 뒤 바통을 넘겨받은 이는 최성준.
2014년 4월 8일부터 2017년 4월 7일까지 3년 동

안 제3기 방송통신위원회 위원장 자리를 채웠다. 최성준 뒤로는 최순실 국정 농단에 따른 대통령 박근혜 파면으로 2017년 5월 10일 부랴부랴 19대 대선을 치르느라 그해 7월 말까지 위원장 자리를 비워 둬야 했다.

문재인 정부 이효성 방송통신위원회가 문을 연 건 2017년 8월 1일. 제4기 방송통신위원회가 임기 3년을 시작한 날이었다.

동창.

한국 방송통신위원회 위원장 다섯 가운데 넷. 같은 대학을 나왔다. 서울대. 정치학과 최시중, 사회학과 이경재, 법학과 최성준, 지질학과 이효성. 5분의 4. 80%였다. 고려대 법학과를 나온 이계철이 1년 쯤 위원장 자리에 있었으니 지난 11년여 가운데 10년 동안 서울대 출신이 방송통신위원회 꼭짓점을 차지한 것.

누군가 그리되게 미리 짠 증거 같은 건 없다. 그

리된 게 크게 잘못됐다고 꼭 집어 가리키려는 것도 아니고. 음. 다만 서울대 출신이 방송통신위원회 꼭짓점에만 머물지 않고 방송 정책 관련 주요 자리까지 지배한 게 눈에 자꾸 밟혀 곰곰 짚어 보는 거다. 그리된 게 서울대 출신을 가까이에 두고 쓰려 한 꼭짓점 탓은 아닐까 곰곰 짚어 보려는 뜻이기도 하고. 제대로 짚어 기록해 둬야 공무원이 학교와 고향 따위에 얽혀 공무를 허투루 하려 할 때 잠깐이나마 주춤대기라도 할 테니까. 끼리끼리 짬짜미하면 곤란해서다.

이른바 '종편 산파'였던 김준상. 최시중의 서울대 정치학과 후배였다. 한국 방송통신위원회에서 방송 관련 정책을 가장 오랫동안 맡았던 공무원. 2008년 9월 이명박 정부 최시중 방송통신위원회 방송운영관이 된 뒤 1년 만인 2009년 9월 방송정책국장이 됐고, 2013년 7월 박근혜 정부 이경재 방송통신위원회 방송정책국장 자리에서 물러나기까지 4년 11개월이나 방송 정책 쪽 실세였다.

믿지기 않지만 정말 그랬고, 김준상이 떠난 뒤

에도 쉬 믿기지 않는 일이 이어졌다. 김준상에 이어 2013년 7월 박근혜 정부 이경재 방송통신위원회 방송정책국장이 된 정 아무개가 서울대 국어교육학과 출신. 정 씨를 이어 2015년 4월 박근혜 정부 최성준 방송통신위원회 방송정책국장이 된 전 아무개가 서울대 외교학과 출신. 전 씨에 이어 2016년 2월 국장이 된 김 아무개가 서울대 신문학과 출신. 김 씨를 이어 2018년 4월 문재인 정부 이효성 방송통신위원회 방송정책국장이 된 김 아무개-2가 서울대 영어영문학과 출신. 2008년 3월 26일 한국에 방송통신위원회가 생긴 뒤 2019년 1월 문재인 정부에 이르기까지 11년여 동안 방송정책국장 자리에 앉은 6명 가운데 5명이 서울대를 나온 것. 6분의 5. 83.3%였다. 한양대 신문방송학과를 나온 황 아무개가 2008년 3월 이명박 정부 최시중 방송통신위원회 첫 방송정책국장을 맡아 1년 6개월쯤 일했으니 지난 11년여 가운데 10년 동안 서울대 출신이 한국 방송 정책을 지배한 셈이다.

엘리트 .

종편 방송광고판매대행사업자 관련 위법 지분에
까막눈이었던 박근혜 정부 이경재·최성준 방송
통신위원회 방송기반국장들도 마찬가지. 2013년
7월 박근혜 정부 이경재 방송통신위원회 방송기
반국장이 된 김 아무개가 서울대 신문학과 출신.
김 씨에 이어 2015년 1월 박근혜 정부 최성준 방
송통신위원회 방송기반국장이 된 김 아무개-3이
서울대 사회학과 출신. 김 씨를 이어 2016년 2월
국장 자리에 앉은 배 아무개가 고려대 정치외교학
과 출신. 배 씨에 이어 2017년 2월 국장이 된 김 아
무개-2가 서울대 영어영문학과 출신. 넷 가운데
셋이 서울대를 나온 것. 4분의 3.75%였다.

이른바 '엘리트주의'에 흠뻑 젖은 인사 체계였
더라도 시민을 위해 힘 바쳐 애쓰는 마음이 더해
져 제대로 움직였다면야 문제 될 게 없었을 터. 그
들은 그러나 앞선 김 아무개가 몰랐던 종편 방송광
고판매대행사업자 위법 주식을 4년쯤 뒤 김 아무

개-2가 뒤따를 때까지 까마득히 알지 못한 '무능력'을 내보였다. 첫 방송정책국장 김준상으로부터 7년째 동아일보가 채널A 지분 30%를 넘겨 가진 사실을 바로잡지 못하기도 했고. '오래돼 굳어진 좋지 않은 버릇' 같은 쳇바퀴.

그들이 돌린 쳇바퀴 덕에 종편은 여태 유료방송 사업자가 반드시 전송해야 할 채널이고, 방송광고 판매대행 계열사를 하나씩 가졌을 성싶다. 그들이 돌린 쳇바퀴 덕에 동아일보 사장 김재호는 6년 넘게 동아일보와 고려중앙학원과 채널A 꼭짓점에 앉아 있는 듯하고. 그들이 돌린 쳇바퀴 때문에. 시민은 가슴 저며 울었다.

무기력.

위아래 동창이어서 두루 편안한 데다 행정고등고시 출신이 장악한 성싶은 인사 체계 때문이었을까. 방송통신위원회—정부—에서 종편을 감당할 기운과 힘이 있는지 의문시됐다. 특히 2017년 3월

24일 TV조선에게 두 번째 재승인을 내줬을 때 초라한 모습을 고스란히 드러냈다. 재승인 심사 총점 1000점 가운데 625.13점을 얻는 데 그쳐 기준점—650점—조차 넘기지 못한 TV조선에 2020년 4월 21일까지 종편으로 더 춤추며 말할 수 있게 한 것.

성균관대 신문방송학과 명예교수 이효성을 포함한 심사위원회가 "실적이 다소 부진했더라도 사업자가 문제의 심각성을 알고 구체적인 개선 방안을 제시한 경우 이를 확인한 후 재승인 여부를 판단할 필요가 있다"는 의견을 냈다며 박근혜 정부 최성준 방송통신위원회는 TV조선 관계자를 정부과천청사로 불러 앞으로 어찌할 건지 얘기를 들어봤다. 청문회였다. 결론은 재승인. "조선방송(TV조선)이 청문 시 추가 개선 계획을 제출하고 이행 의지를 보인 점과 청문 주재자 의견, 시청권 보호 측면 등을 종합적으로 고려해 재승인을 바로 거부하기보다는 한 차례 기회를 주되 사업계획 및 추가 개선 계획의 이행을 담보하기 위한 재승인 조건을 부가하기로 했다"는 것. 덧붙인—부가—조건은 오보·막말·편파 방송으로 법정 제재를 받는 수를 '해마다 4건 아래'로 하고, 뉴스·탐사보도·시사·논평·토론·대담 프로그램을 합한 편성비율을 33% 아래로 떨어뜨리라는 정도였다. 잘 지켜졌을까. 무거운 규제였을까.

미디어오늘 기자 금준경은 2018년 9월 18일 자기사 '종편 재승인, 법정 제재 4건 넘어도 소송 걸면 무력화?'로 그리될 개연성을 짚었다. 사업자가 방송 내용 심의 제재에 불복해 소송을 일으키면 다툼이 확정될 때까지 재승인 심사 평가 대상으로 헤아리지 않기 때문이라는 것. TV조선 법정 제재가 4건을 넘겨 5건이 됐더라도 소송을 일으켜 가짓수를 줄이면 그만이라는 뜻이었다. 방송통신위원회가 뚜렷한 제재 기준을 만들어 두지 않은 걸 인정했다는 얘기도 들렸다. 흐름이 그렇다면 정부는 오보·막말·편파 방송을 일삼는 종편을 두고 대체 뭘할 수 있는 걸까.

정부—방송통신위원회—는 종편 재승인 조건

이행실적을 살펴 지키지 않은 게 나오면 방송법 제 99조(시정명령 등)에 따라 잘못됐으니 바로잡으라고 처분한다. 시정명령에도 불구하고 재승인 조건을 거듭 위반하면 '업무정지'로 책임을 묻고, '청문'을 거쳐 승인을 취소할 수도 있다. 언뜻 보면 제재가 무거워 종편 입도 무겁고 조심스러워질 듯싶다. 그럴까. 아니, 그렇지 않을 개연성이 크다. 도중에 불거질 게 많고, 곳곳에 빠져나갈 틈도 넓다. 정부가 시정명령을 받은 사업자의 재승인 조건 이행실적을 6개월마다 살피기 때문에 앞서 짚은 소송 절차 따위를 쓰면 1년을 넘기는 게 예사롭다. 법정 제재 '해마다 4건 아래'를 피해 가는 게 생각보다 쉬울 수 있다는 얘기. 어쩌다 대여섯 건에 이르더라도 시정명령을 받은 뒤 지킬지 말지를 두고 6개월쯤 생각해 볼 넉넉함이 있는 것. 음. 마음속이 뭔가로 뒤틀려 시정명령을 지킬 생각이 사라진 나머지 '업무정지' 처분까지 뒤집어써 얼마간 방송을 할 수 없게 되더라도 살아날 틈이 있다. 정부 청문회에 나아가 "앞으로는 잘하겠다"고 말하면 방송 사업을 되살릴 개연성이 크다. 그 지경에 닿을 종편이 있긴 할까. 그동안 정부가 한 번이라도 쇠도리깨를 휘두른 적은 있나. 팔뚝 무뎌져 솜방망이를 들 수밖에 없는 지경인 건가.

리모컨.

티브이 리모컨을 들고 푹신한 의자에 깊숙이 앉았다. 2011년 12월 1일 종편이 방송을 시작한 뒤 얼마 되지 않았을 때. 채널 바꿈 화살표 누름쇠를 13번과 20번 사이에서 연거푸 눌러 봤다. 종편 넷이 자리 잡은 곳. 두 눈썹 사이에 주름 세운 채 채널 하나를 지웠다. 삼사 초쯤 걸렸을까. 집 티브이에서 종편 하나가 사라졌고, 두 번째는 더욱 쉬웠다. 이삼 초쯤 걸렸을까. 종편이 하나 더 사라졌다. 바로 그때. "뭐 하는 거야? 왜 채널을 지워?"라고 내게 묻는 같이 사는 벗. "종편 보기 싫어서 지우는 거야"라는 내 대답. "왜 말도 없이 마음대로 지워? 놔둬. 살펴보고 지워도 내가 지울 테니까"라는 벗

말에 상황 끝. 나는 종편 채널 두 개만 지운 채로 티브이 리모컨을 조용히 내려놓았다.

또다시 티브이 리모컨을 들고 푹신한 의자에 깊숙이 앉았다. 종편이 문을 연 뒤 7년쯤 흐른 2018년 12월. 채널 바꿈 누름쇠를 13번과 20번 사이에서 연거푸 눌러 봤다. 티비엔(tvN)과 종편 두 개만 남아 있는 곳. 7년 전 두 눈썹 사이에 주름 세운 채 지웠던 채널 둘은 없고. 음. 그사이 별일? 없었다. 종편 둘쯤 없어도 집 티브이는 볼 만했다. 7년 전 나머지 두 개를 마저 지우지 못한 게 못내 아쉽지만 이제 하나쯤 더 사라져도 좋을 듯싶다. 스스로 사라져 주면 더욱 좋겠고. "그동안 오보·막말·편파 방송으로 심려를 끼쳐 드려 죄송했다"는 사과와 함께 사라지면 내 두 손 들어 반기리라. 기꺼이 손뼉 칠 마음도 있고.

2008년 **3월 26일**	최시중, 제1기 방송통신위원회 위원장에 취임. 이명박 정부 첫 위원장.
2008년 **11월 26일**	최시중 방송통신위원회, 지상파 방송사업자나 종합편성·보도전문 방송채널사용사업자를 가 질 수 없는 대기업 기준을 자산 총액 '3조 원' 이상에서 '10조 원'으로 느슨하게 한 방송법 시 행령 개정안 의결. 그만큼 덩치가 더 큰 대기업 을 위해 문을 넓힌 것.
2009년 **6월 3일**	최시중 방송통신위원회, 새로운 종합편성 방 송채널사용사업자 도입과 방송 사업 소유 겸 영 규제 느슨히 하기 따위를 담은 '방송통신 콘 텐츠 산업 경쟁력 강화 대책' 의결.
2009년 **7월 9일**	최시중, 관훈클럽토론회에서 국회의 미디어 관련법 처리를 요구하며 "법이 통과되는 대로 연내에 종합편성채널을 도입하겠다"고 공언.

2009년 7월 22일	한나라당, 방송 사업 소유 겸영 규제를 느슨히 한 미디어 관련법 국회 날치기.
2009년 7월 31일	방송 사업 소유 규제를 느슨히 한 개정 방송법 공포.
2009년 11월 2일	최시중 방송통신위원회, 종합편성 방송채널사용사업자를 뽑기 위한 '신규 방송 사업 정책 태스크포스팀' 구성 운영안 마련. 팀장은 방송정책국장이던 김준상.
2009년 12월 10일	최시중 방송통신위원회, 종합편성·보도전문 방송채널사용사업자에게 광고 판매 의무 위탁 없이 스스로 영업할 수 있게 해 주기로 의결.
2010년 1월 26일	종합편성·보도전문 방송채널사용사업자 사업 허가 유효 기간을 3년에서 5년으로 늘린 방송법 시행령 개정안 공포.
2010년 5월 18일	최시중 방송통신위원회, 2010년 안에 종합편성·보도전문 방송채널사용사업자를 뽑는 일정 마련.
2010년 7월 15일	최시중 방송통신위원회, 지상파 방송사업자와 종합편성·보도전문 방송채널사용사업자의 주식이나 지분을 갖고자 하는 일간신문의 신문 부수를 인증해 주는 기관으로 사단법인 한국 ABC협회를 지정.
2010년 8월 17일	최시중 방송통신위원회, 종합편성·보도전문 방송채널사용사업자 승인 기본계획 마련.

2010년 9월 2일~3일	종합편성·보도전문 방송채널사용사업자 승인 기본계획 공청회. 방송정책국장 김준상이 주제 발표.
2010년 9월 17일	최시중 방송통신위원회, 종합편성·보도전문 방송채널사용사업자 승인 기본계획 의결. 뽑을 사업자 수를 미리 정하지 않고 심사 기준을 채운 사업자를 모두 받아들이기로 함.
2010년 11월 10일	최시중 방송통신위원회, 종합편성·보도전문 방송채널사용사업자 승인을 위한 세부 심사 기준과 일정 마련. 2010년 12월 중에 뽑기로 함.
2010년 11월 30일 ~12월 1일	종합편성·보도전문 방송채널사용사업자 승인 신청 접수. 종합편성 쪽에 6개 법인 신청. 접수 순으로 매일경제티브이, 채널에이, 에이치유비, 케이블연합종합편성채널, 씨에스티브이, 제이티비씨.
2010년 12월 23일 ~12월 30일	종합편성·보도전문 방송채널사용사업자 승인 심사. 심사위원장에 제1기 방송통신위원회 상임위원 이병기.
2010년 12월 31일	종합편성·보도전문 방송채널사용사업자 넷 뽑힘. 법인 이름 매일경제티브이(나중에 매일방송), 채널에이, 씨에스티브이, 제이티비씨. 채널 이름 MBS(나중에 MBN), 채널에이(나중에 채널A), CSTV(나중에 TV조선), jTBC(나중에 JTBC).

2011년 3월 28일	최시중, 제2기 방송통신위원회 위원장으로 연임.
2011년 3월 30일	최시중 방송통신위원회, 자본금 3100억 원과 4220억 원을 각각 치른 CSTV와 jTBC에 승인장 내어 줌. 채널에이와 매일방송은 자본금 4076억 원과 3950억 원을 각각 채우지 못해 승인장 교부 신청 기간을 2011년 6월 30일까지 늦추기로 의결.
2011년 4월 20일	최시중 방송통신위원회, 채널에이에게 승인장 내어 줌.
2011년 5월 6일	최시중 방송통신위원회, 매일방송에게 승인장 내어 줌.
2011년 12월 1일	종편 넷 방송 시작.
2012년 1월 3일	한국일보, '최시중 방통위원장 측 억대 수뢰' 보도. 최시중이 힘을 써 줘 김학인이 EBS 이사로 뽑혔고, 김 씨가 최시중의 정책보좌역이던 정 아무개에게 수억 원을 건넸다는 내용. TV조선, '최시중 측근 SK서 3억 수수' 보도. 검찰이 최시중의 정책보좌역이던 정 아무개가 SK로부터 3억 원을 받은 정황을 잡았다는 내용.
2012년 1월 4일	경향신문, '김학인 매입 EBS 사옥 후보지 방통위 연루 의혹' 보도. 문화일보, '최시중의 측근 케이블TV서 수억 수뢰 의혹' 보도.

2012년 1월 5일	뉴스토마토, '최시중 측근 정○○ 씨, CJ에서도 5억 수수 의혹' 보도.
2012년 1월 6일	조선일보, '최시중 방송통신위원장의 전 정책 보좌관, 제4이동통신 사업자 선정 로비 명목으 로 20여억 원과 골프회원권 수수' 보도.
2012년 1월 27일	최시중, 제2기 방송통신위원회 위원장 자리에 서 스스로 물러나겠다고 밝힘.
2012년 2월 1일	최시중 방송통신위원회, 위원장 참석하지 않 아 홍성규 부위원장 주재로 종합편성·보도전 문 방송채널사용사업자의 방송통신발전기금 분담금 징수율을 0%로 결정.
2012년 2월 9일	민영 방송광고판매대행사(이른바 미디어렙)를 허가하는 '방송광고 판매대행 등에 관한 법률' 제정안 국회 본회의 통과.
2012년 3월 9일	이계철, 제2기 방송통신위원회 위원장에 취임. 이명박 정부 두 번째 위원장.
2012년 5월 23일	방송광고판매대행사업자 허가 절차와 방송광 고 수수료율 따위를 담은 '방송광고 판매대행 등에 관한 법률'과 시행령 시행.
2012년 5월 29일	이계철, 종편 대표이사들과 점심 간담회. 참석 자는 TV조선 대표 오지철, jTBC 대표 남선현, 채널A 대표 유재홍, MBN 대표 윤승진. 방송정 책국장 김준상 배석.

2013년 4월 17일	이경재, 제2기 방송통신위원회 위원장에 취임. 박근혜 정부 첫 위원장.
2013년 7월 9일	이경재 방송통신위원회, 2012년 치 종합편성 방송채널사용사업자 승인 조건 이행실적 점검 결과 발표. 종편 넷 모두 콘텐츠 투자 계획 따 위를 지키지 않아 시정명령 대상이 됨.
2013년 8월 21일	이경재 방송통신위원회, 사업 승인 조건 위반 한 종합편성·보도전문 방송채널사용사업자에 게 시정명령 의결.
2013년 9월 5일	이경재 방송통신위원회, 2014년으로 승인 유 효 기간이 끝나는 종합편성·보도전문 방송채 널사용사업자 재승인 기본계획 의결.
2013년 12월 9일	이경재 방송통신위원회, 방송광고 의무 위탁 없이 직접 영업하던 종편의 방송광고 판매대 행 수수료율을 정하기 위한 '방송광고 판매대 행 등에 관한 법률 시행령' 개정안 마련.
2013년 12월 27일	이경재 방송통신위원회, 삼양사의 주식 처분 으로 사업 승인 조건을 위반한 채널A에 시정 명령. 종편 주요 주주의 주식이나 지분은 사업 승인장을 받은 날로부터 3년 동안 처분되지 않 아야 한다는 조건을 위반했기 때문.

2014년 1월 28일	이경재 방송통신위원회, 이행하지 않은 2012년 치 콘텐츠 투자 승인 조건을 지키고 2013년 치도 계획한 금액대로 투자하라는 시정명령에 따르지 않은 종편 넷에게 3750만 원씩 과징금 부과.
2014년 2월 28일	이경재 방송통신위원회, JTBC와 채널A와 TV조선 계열 방송광고 판매대행사업자—미디어렙— 허가 의결. 유효 기간 3년.
2014년 3월 19일	이경재 방송통신위원회, JTBC와 채널A와 TV조선의 종합편성 방송채널사용사업 재승인 의결. 유효 기간 3년.
2014년 4월 8일	최성준, 제3기 방송통신위원회 위원장에 취임. 박근혜 정부 두 번째 위원장.
2014년 6월 19일	최성준 방송통신위원회, 종합편성·보도전문 방송채널사용사업자의 2014년 치 방송통신발전기금 분담금 징수율을 0%로 의결.
2014년 11월 4일	최성준 방송통신위원회, MBN 계열 방송광고 판매대행사업자 허가. 유효 기간 3년.
2014년 11월 18일	최성준 방송통신위원회, MBN의 종합편성 방송채널사용사업 재승인 의결. 유효 기간 3년.
2015년 7월 2일	최성준 방송통신위원회, 종합편성·보도전문 방송채널사용사업자의 방송통신발전기금 분담금 징수율을 0.5%로 정하되 2016년부터 적용하기로 결정. 2015년 치는 0%.

2015년 7월 9일	최성준 방송통신위원회, 사업 재승인 조건 위반한 TV조선과 JTBC와 채널A에 시정명령.
2015년 9월 16일	최성준 방송통신위원회, 보도 프로그램을 이용해 한국전력공사와 농협의 광고 효과를 제공한 MBN에 과태료 1000만 원 부과. MBN 방송 프로그램 편성에 영향을 끼친 방송광고판매대행사업자 MBN미디어렙에게도 시정명령과 과징금 2억 4000만 원 부과.
2016년 6월 16일	최성준 방송통신위원회, 종합편성·보도전문 방송채널사용사업자의 방송통신발전기금 첫―2016년 치― 분담금을 징수율 0.5%를 적용해 거둬들이기로 함.
2016년 8월 11일	최성준 방송통신위원회, 2017년에 사업 재승인 유효 기간이 끝나는 종합편성·보도전문 방송채널사용사업자의 두 번째 재승인 세부 계획 의결.
2016년 8월 18일	최성준 방송통신위원회, 2014년 치 사업 재승인 조건을 이행하라는 시정명령을 지키지 않은 TV조선과 JTBC와 채널A에 과징금 4500만 원씩 부과. MBN엔 시정명령.
2016년 10월 20일	최성준 방송통신위원회, 종편 계열 방송광고판매대행사업자 재허가 기본계획 의결.

2017년 3월 24일	최성준 방송통신위원회, TV조선과 JTBC와 채널A의 종합편성 방송채널사용사업 두 번째 재승인 의결. 유효 기간 3년 1개월에서 3년 7개월 안팎. TV조선은 재승인 심사 기준 점수를 얻지 못한 상태였음. 종편 계열 방송광고판매대행사업자 JTBC미디어렙과 TV조선미디어렙과 미디어렙A의 사업 재허가도 의결. 유효 기간 5년.
2017년 8월 1일	이효성, 제4기 방송통신위원회 위원장에 취임. 문재인 정부 첫 위원장.
2017년 8월 10일	이효성 방송통신위원회, 종합편성·보도전문 방송채널사용사업자의 2017년 치 방송통신발전기금 분담금 징수율을 0.5%에서 1%로 올림.
2017년 8월 31일	이효성 방송통신위원회, 종합편성 방송채널사용사업자 주식 소유 제한—100분의 30을 넘길 수 없는—규정을 위반한 동아일보에게 시정명령.
2017년 9월 20일	이효성 방송통신위원회, 2014년 치 사업 재승인 조건을 이행하라는 시정명령을 지키지 않은 MBN에 과징금 4500만 원 부과.
2017년 11월 27일	이효성 방송통신위원회, MBN의 종합편성 방송채널사용사업 두 번째 재승인 의결. 유효 기간 3년. MBN 계열 방송광고판매대행사업자 MBN미디어렙 재허가도 의결. 유효 기간 5년.

2018년 **2월 21일**	이효성 방송통신위원회, 방송광고판매대행사업자 주식이나 지분 관련 소유 제한 규정을 위반한 크라운해태홀딩스, 일동홀딩스, 사랑방미디어, 한진칼에게 시정명령.
2018년 **8월 8일**	이효성 방송통신위원회, 종편 계열 방송광고판매대행사 허가와 재허가 업무를 부실히 한 위원회 사무처 특정감사 결과 발표. 무거운 잘못이었음에도 책임자들에게 공무원법상 '징계' 없이 '경고'와 '주위'만 냄.
2019년 **1월 29일**	이효성 방송통신위원회, 2017년 치 사업 재승인 조건을 지키지 않은 채널A와 MBN에 시정명령. 과징금 없이 채널A에 2019년 12월 말까지, MBN에 2019년 6월 말까지 재승인 조건을 이행하라고 명함.

참고 문헌

강준만,《갑과 을의 나라》, 인물과사상사, 2013.

_____,《미디어법과 윤리》, 인물과사상사, 2016.

강형철, 성동규 외 3인,《BBC 미래 전략》, 한울, 2010.

권순택, "'종편은 아기', 걸음마 할 때까지 정책 지원 튼튼?', 〈미디어스〉, 2011년 6월 3일 자.

금준경, '종편 재승인, 법정 제재 4건 넘어도 소송 걸면 무력화?', 〈미디어오늘〉, 2018년 9월 18일 자.

김경화,《세상을 바꾼 미디어》, 다른, 2013.

김두식,《헌법의 풍경》, 교양인, 개정증보판, 2011.

김인회,《문제는 검찰이다》, 오월의봄, 2017.

김희수, 서보학, 오창익, 하태훈,《검찰공화국, 대한민국》, 삼인, 2011.

노동렬, 박인규, 오미영, 홍경수,《방송학의 이해》, 부키, 2014.

도정일, 박원순 외 9인,《다시, 민주주의를 말한다》, 휴머니스트, 2010.

문재인, 김인회,《문재인, 김인회의 검찰을 생각한다》, 오월의봄, 2011.

문현숙, '종편 특혜 환수 실효성 논란… 풍선효과 만만찮다', 〈한겨레〉, 2018년 11월 28일 자 19면.

_____, '황금채널서 쏟아지는 싸구려 토크… 끊임없는 막말 논란', 〈한겨레〉, 2015년 11월 30일 자 7면.

민영목,《TV 볼 줄 아십니까?》, 나남, 2012.

박성현, 김춘효,《우리는 말하고 싶다》, 이루, 2018.

안토니오 네그리, 마이클 하트, 조정환 외 2인 옮김,《다중》, 세종서적, 2008.

알랭 드 보통, 최민우 옮김,《뉴스의 시대》, 문학동네, 2014.

이문영, 최혜정, '한나라, 방송법 개정안 왜 집착할까', 〈한겨레〉, 2008년 12월 26일 5면.

이본영, '보도 불공정 인정하고…방통위 '종편 거수기' 자처', 〈한겨레〉, 2014년 3월 20일 자 5면.

이은용, '김재호 동아일보 사장과 방통위 간부, 비상장 주식 부당거래 의혹', 〈뉴스타파〉, 2018년 10월 25일 자.

_____, '동아일보, 채널A 지분 소유 제한 법령 어긴 채 '6년째'', 〈뉴스타파〉, 2018년 10월 10일 자.

_____, '무기력한 방통위, TV조선 재승인…기준 미달에도 3년 허가', 〈뉴스타파〉, 2017년 3월 24일 자.

_____,《미디어 카르텔─민주주의가 사라진다》, 마티, 2010.

_____, '미디어법, 무엇을 어떻게 바꿔 놓을 것인가', 〈여의도저널〉, 2009년 가을호 5쪽~16쪽.

_____, ''양치기 소년' 종편…방통위, 조건 달아 또 승인하나', 〈뉴스타파〉, 2017년 3월 15일 자.

_____, '위법한 종편 미디어렙 허가에 면죄부… 제 적폐 못 깎는 방통위', 〈뉴스타파〉, 2018년 9월 4일 자.

정연주,《정연주의 증언》, 오마이북, 2011.

정철운, '홍석현 사장이 밝힌 손석희 JTBC 사장 영입 전말', 〈미디어오늘〉, 2017년 1월 17일 자.

최경영,《9시의 거짓말》, 시사인북, 2010.

최원형, '장년층 채널A·TV조선·MBN 청년층은 JTBC 주로 시청', 〈한겨레〉, 2015년 11월 30일 자 7면.